GRUNDSCHULWÖRTERBUCH ENGLISCH

PONS GmbH
Stuttgart

Inhalt

Liebe Eltern,

vielleicht konnten Sie sie bereits bewundern: die einzigartige Offenheit mit welcher Kinder fremden Sprachen begegnen. Fördern Sie diese Neugierde gleich von Anfang an, schaffen Sie die besten Voraussetzungen für den Einstieg in den schulischen Fremdsprachenerwerb. Mit diesem Wörterbuch unterstützen Sie Ihr Kind beim Englischlernen bereits ab der ersten Klasse:

Erste Wörter kinderleicht lernen

Im Wörterbuch finden Sie den kompletten englischen Wortschatz der ersten vier Lernjahre. Die wichtigsten 10–12 Wörter zu jedem Thema entdeckt Ihr Kind über das große Bild am Kapitelanfang. Blättert es um, lernt es anhand von witzigen Bildern und Beispielsätzen weiteren Wortschatz kennen.

Spielerisch in Englisch fit werden

Mit den Extras im Onlinebereich macht Englischlernen richtig Spaß: Entdecken Sie mit Ihrem Kind die schönsten englischen **Kinderlieder** zum Anhören und Mitsingen. Fördern Sie die Hör- und Sprechkompetenzen Ihres Kindes mit den **Dialogen** aus dem Buch, und schaffen Sie mit dem 50-seitigen **Übungsheft** die richtige Grundlage fürs Gymnasium.

Das komplette Angebot steht für Sie bereit unter **www.pons.de/grundschule-englisch**.

Viel Freude und Erfolg beim Nachschlagen wünscht Ihnen

**Ihre
PONS-Redaktion**

Me, my family and friends
Seite 6

Wörter:	Familie und Freunde, Herkunftsländer
Reden:	Sich vorstellen — Seite 8

My day
Seite 12

Wörter:	Tagesabläufe, Uhrzeiten
Reden:	Über Uhrzeiten sprechen — Seite 14

At school
Seite 18

Wörter:	Schule, das Klassenzimmer, Schulfächer
Reden:	Dinge benennen und erfragen — Seite 20
Infos:	Schule in Großbritannien — Seite 20
	Classroom phrases — Seite 25

Inhalt

My home
Seite 26

Wörter:	Haus und Garten, Räume, Möbel	
Reden:	Besitz angeben und erfragen	Seite 28
Infos:	Häuser in Großbritannien	Seite 28
Infos:	In einem britischen Haus	Seite 31

Around the year
Seite 34

Wörter:	Monate, Wochentage, Jahreszeiten, Feiertage, Geburtstag	
Reden:	Über Geburtstage reden	Seite 36
Infos:	Geburtstag in Großbritannien	Seite 36

Spring
Seite 40

Wörter:	Frühling, Wetter	
Reden:	Sich über das Wetter unterhalten	Seite 42
Infos:	Osterbräuche in Großbritannien	Seite 42

Hobbies and sports
Seite 48

Wörter:	Hobbys und Sportarten	
Reden:	Über Vorlieben und Abneigungen sprechen, Vorschläge machen	Seite 50
Infos:	Beliebte Sportarten in Großbritannien	Seite 50

My body
Seite 56

| Wörter: | Der Körper | |
| Reden: | Nach dem Befinden fragen | Seite 58 |

My clothes
Seite 62

Wörter:	Kleidung	
Reden:	Gefallen ausdrücken	Seite 64
Infos:	Die Schuluniform	Seite 64

three

Inhalt

Summer
Seite 70

Wörter: Sommer, Strand

Going shopping
Seite 76

Wörter:	Einkaufen gehen, Obst und Gemüse	
Reden:	Preise und Mengen angeben und erfragen	Seite 78
Infos:	Einkaufen in Großbritannien	Seite 78

Food and drink
Seite 82

Wörter:	Essen und Trinken, Mahlzeiten, Geschirr	
Reden:	Fragen, was jemand möchte / darauf antworten	Seite 84
Infos:	Essen in Großbritannien	Seite 84
Infos:	Pancake Day	Seite 89

On holiday
Seite 92

Wörter:	Urlaub, Verkehrsmittel, beliebte Reiseziele	
Reden:	Vorhaben besprechen	Seite 94
Infos:	Informationen über Großbritannien	Seite 94

Autumn
Seite 98

Wörter:	Herbst	
Infos:	Bonfire Night	Seite 100

The town where I live
Seite 102

Wörter:	Die Stadt, Gebäude, Fahrzeuge	
Reden:	Ortsbeschreibungen	Seite 104
Infos:	Links fahren, Schlangestehen	Seite 104

Fairy tales
Seite 108

Wörter:	Märchen	
Infos:	Das Loch Ness Monster	Seite 111

Inhalt

Animals
Seite 112

Wörter:	Haustiere, Zootiere, Bauernhoftiere	
Reden:	Vorlieben besprechen	Seite 114
Infos:	Lieblingshaustiere in Großbritannien	Seite 114

Winter
Seite 120

Wörter:	Winter	
Reden:	Zuneigung ausdrücken	Seite 122
Infos:	Valentinstag	Seite 122
Infos:	Silvester in Schottland	Seite 124

Merry Christmas
Seite 126

Wörter:	Weihnachten	
Reden:	Sich über Weihnachtsgeschenke unterhalten	Seite 128
Infos:	Weihnachten in Großbritannien	Seite 128

My toys
Seite 132

Wörter: Spielsachen

Describing people and things
Seite 136

Wörter:	Farben, Gegensätze, Gefühle, Berufe, das Verb ‚to be'	
Reden:	Gefühle ausdrücken	Seite 145
Reden:	Über die Zukunft reden	Seite 145

Where and how many?
Seite 146

Wörter: Zahlen, Präpositionen

Glossary
Seite 150

| English-German | Seite 150 |
| German-English | Seite 165 |

five

Me, my family and friends

Ben

Emma

Leo

Dad

Mum

Grandpa

Ich, meine Familie und meine Freunde

Grandma

Tim

Lily

Felix

Pips and Tipsy

Muffin

Me, my family and friends

Ben und Tim lernen sich zum ersten Mal kennen.
Was erzählen sie sich voneinander?

Ben	Tim
Hello, I'm Ben. What's your name?	**Hi, my name's Tim.**
Hallo, ich bin Ben. Wie heißt du?	*Hi, ich heiße Tim.*
Where are you from?	**I'm from Jamaica.**
	Where are you from?
Wo kommst du her?	*Ich komme aus Jamaika.*
	Wo kommst du her?
I'm from London.	**Who's this?**
Ich komme aus London.	*Wer ist das?*
This is my sister Emma.	**I've got a brother.**
Das ist meine Schwester Emma.	*Ich habe einen Bruder.*
What's his name?	**His name is Sam.**
	Have you got a brother?
Wie heißt er?	*Er heißt Sam.*
	Hast du auch einen Bruder?
Yes, I have. His name is Leo.	**See you tomorrow!**
Ja. Er heißt Leo.	*Bis morgen!*

aunt die Tante

Aunt Jenny is Dad's sister.   Tante Jenny ist Papas Schwester.

baby das Baby

Sshh, the baby is sleeping.   Pst, das Baby schläft

boy der Junge

Ben is a boy.   Ben ist ein Junge.

Ich, meine Familie und meine Freunde

brother

Ben has one brother.

der Bruder

Ben hat einen Bruder.

child, children

Ben, Emma and Leo are children.

das Kind, die Kinder

Ben, Emma und Leo sind Kinder.

cousin

Abi and Rachel are Emma's cousins.

der Cousin, die Cousine

Abi und Rachel sind Emmas Cousinen.

dad, daddy

Dad is smiling.

der Papa, der Papi

Papa lächelt.

family

This is my family.

die Familie

Das ist meine Familie.

friend

Tim is Ben's friend.

der Freund, die Freundin

Tim ist Bens Freund.

nine

Me, my family and friends

girl  das Mädchen

Emma is a girl. Emma ist ein Mädchen.

grandma  die Oma

Grandma has grey hair. Oma hat graue Haare.

grandpa  der Opa

This is my grandpa. Das ist mein Opa.

husband  der Mann, der Ehemann

Dad is mum's husband. Papa ist Mamas Mann.

mum, mummy  die Mama, die Mami

My mum has red hair. Meine Mama hat rote Haare.

name  der Name

Hello, my name is Leo. Hallo, ich heiße Leo.

Ich, meine Familie und meine Freunde

pet  das Haustier

I've got two pets.
A cat and a dog.
Ich habe zwei Haustiere.
Eine Katze und einen Hund.

sister die Schwester

Emma is Ben's sister.
Emma ist Bens Schwester.

uncle  der Onkel

Hello, I'm uncle Tom.
Hallo, ich bin Onkel Tom.

wife die Frau, die Ehefrau

Mum is dad's wife.
Mama ist Papas Frau.

Vokabelbox

I'm from …	Ich komme aus …	I'm from …	Ich komme aus …
Albania	Albanien	Morocco	Marokko
Bosnia	Bosnien	Poland	Polen
Croatia	Kroatien	Portugal	Portugal
England	England	Russia	Russland
France	Frankreich	Serbia	Serbien
Germany	Deutschland	Spain	Spanien
Greece	Griechenland	Tunisia	Tunesien
Italy	Italien	Turkey	der Türkei

eleven

My day

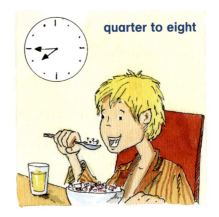

Mein Tag

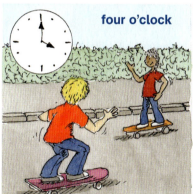
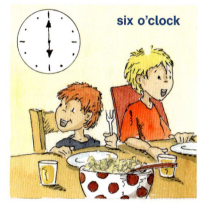
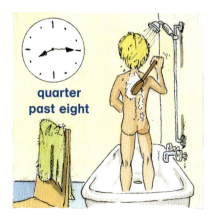

My day

Tim will von Ben ganz genau wissen, wie sein Tag so aussieht.
Hör dir mal an, was Ben an einem Tag alles macht.

Tim	Ben
When do you get up, Ben?	**I get up at half past seven.**
Wann stehst du auf Ben?	Ich stehe um halb acht auf.
When do you go to school?	**I go to school at half past eight.**
Wann gehst du zur Schule?	Ich gehe um halb neun zur Schule.
When do you go home?	**I go home at quarter to four.**
Wann gehst du nach Hause?	Ich gehe um Viertel vor vier nach Hause.
What do you do in the afternoon?	**I play with my friends.**
Was machst du nachmittags?	Ich spiele mit meinen Freunden.
When do you have tea?	**I have tea at six o'clock.**
Wann isst du zu Abend?	Ich esse um sechs Uhr zu Abend.
When do you do your homework?	**I do my homework at quarter to seven.**
Wann machst du deine Hausaufgaben?	Ich mache meine Hausaufgaben um Viertel vor sieben.
What do you do in the evening?	**I watch television or read a book.**
Was machst du abends?	Ich schaue fern oder lese ein Buch.

afternoon — der Nachmittag

Ben plays with his friends in the afternoon.

Ben spielt nachmittags mit seinen Freunden.

breakfast — das Frühstück

I eat cornflakes for breakfast.

Ich esse Cornflakes zum Frühstück.

to brush your teeth — die Zähne putzen

Emma is brushing her teeth.

Emma putzt ihre Zähne.

Mein Tag

evening

Ben watches TV in the evening.

der Abend

Ben schaut abends fern.

to get up

Ben gets up at half past seven.

aufstehen

Ben steht um halb acht auf.

to go home

Ben goes home at quarter to four.

heimgehen

Ben geht um Viertel vor vier nach Hause.

to go to bed

Ben goes to bed at half past eight.

ins Bett gehen

Ben geht um halb neun ins Bett.

to go to school

Emma goes to school at half past eight.

zur Schule gehen

Emma geht um halb neun zur Schule.

half past

It's half past eight.

halb

Es ist halb neun.

My day

to have breakfast

Ben has breakfast at eight o'clock.

frühstücken

Ben frühstückt um acht Uhr.

to have lunch

Ben has lunch at twelve o'clock.

zu Mittag essen

Ben isst um zwölf Uhr zu Mittag.

to have tea

The family has tea at six o'clock.

zu Abend essen

Die Familie isst um sechs Uhr zu Abend.

homework

Ben is doing his homework.

die Hausaufgaben

Ben macht seine Hausaufgaben.

lunch

The children have lunch at school.

das Mittagessen

Die Kinder essen in der Schule zu Mittag.

morning

It's morning.

der Morgen

Es ist Morgen.

Mein Tag

night

It's night.

die Nacht

Es ist Nacht.

to play

The children are playing football.

spielen

Die Kinder spielen Fußball.

quarter past

It's quarter past seven.

Viertel nach

Es ist Viertel nach sieben.

quarter to

It's quarter to four.

Viertel vor

Es ist Viertel vor vier.

tea

We have tea at six o'clock.

das Abendessen

Wir essen um sechs Uhr zu Abend.

time

What's the time?
It's five o'clock.

die Uhrzeit

Wie viel Uhr ist es?
Es ist fünf Uhr.

At school

bell

blackboard

book

chair

chalk

glue

In der Schule

pen

pencil case

pencil sharpener

rubber

school bag

scissors

At school

Emma und Lily haben gerade Kunstunterricht. Emma malt ein Bild von ihrem Lieblingspferd, aber sie hat ihre Buntstifte vergessen. Hör dir an, welche Farben sie braucht.

Emma	Lily
Where's your pencil case?	**It's in my school bag.**
Wo ist dein Mäppchen?	*In meinem Ranzen.*
Is this your pencil case?	**Yes, it is.**
Ist das dein Mäppchen?	*Ja.*
Have you got a brown pencil?	**No, I haven't.**
Hast du einen braunen Stift?	*Nein.*
Have you got a red pencil?	**Yes, I have.**
Hast du einen roten Stift?	*Ja.*
Can I have your red pencil, please?	**Here you are.**
Darf ich deinen roten Stift mal haben?	*Bitte schön.*
Thanks!	**You're welcome.**
Danke!	*Bitte.*

In Großbritannien gehen alle Kinder von 9:00 bis 16:00 Uhr in die Schule. Da haben sie natürlich nicht die ganze Zeit nur Unterricht, sondern essen dort auch zu Mittag, machen Sport, Musik oder spielen Theater. Alle Kinder tragen eine **uniform** (Schuluniform) – dazu kannst du im Kapitel „My clothes" mehr lesen.

Für britische Kinder beginnt die Schule normalerweise mit 5 Jahren. Sie gehen zuerst auf eine **primary school** (Grundschule) bis sie 11 Jahre alt sind. Danach folgt entweder die **comprehensive school** (Gesamtschule) oder die **grammar school** (Gymnasium). In Großbritannien gibt es aber auch viele **private schools** (Privatschulen), für die die Eltern oft viel Geld bezahlen müssen.

In der Schule

bell

The bell is ringing.

die Glocke

Die Glocke läutet.

blackboard

The teacher is writing on the blackboard.

die Tafel

Der Lehrer schreibt etwas an die Tafel.

book

Please open your books.

das Buch

Bitte schlagt eure Bücher auf.

chair

This is Tim's chair.

der Stuhl

Das ist Tims Stuhl.

chalk

The chalk is white.

die Kreide

Die Kreide ist weiß.

classroom

This is Ben's classroom.

das Klassenzimmer

Das ist Bens Klassenzimmer.

At school

computer

der Computer

We've got a new computer.

Wir haben einen neuen Computer.

desk

der Schreibtisch

Emma is sitting at her desk.

Emma sitzt an ihrem Schreibtisch.

glue

der Klebstoff

Here's the glue.

Hier ist der Klebstoff.

homework

die Hausaufgaben

Ben is doing his homework.

Ben macht seine Hausaufgaben.

paper

das Papier

Write on the paper, please.

Schreib bitte auf das Papier.

pen

der Stift

This is Lily's pen.

Das ist Lilys Stift.

In der Schule

pencil

I've got a red pencil.

der Bleistift, der Buntstift

Ich habe einen roten Buntstift.

pencil case

The pencil case is on the desk.

das Mäppchen

Das Mäppchen liegt auf dem Schreibtisch.

pencil sharpener

What's this?
It's a pencil sharpener.

der Spitzer

Was ist das?
Das ist ein Spitzer.

playground

The pupils are in the playground.

der Schulhof

Die Schüler sind auf dem Schulhof.

pupil

Ben and Lily are pupils.

der Schüler, die Schülerin

Ben und Lily sind Schüler.

rubber

Can I have your rubber, please?

der Radiergummi

Kann ich mal bitte deinen Radiergummi haben?

twenty-three

At school

ruler das Lineal

What a long ruler! Was für ein langes Lineal!

school  die Schule

This is Ben's school. Das ist Bens Schule.

school bag die Schultasche, der Ranzen

Tim has got a new school bag. Tim hat eine neue Schultasche.

scissors die Schere

Please give me the scissors. Bitte gib mir die Schere.

teacher der Lehrer, die Lehrerin

Dad is a teacher. Papa ist Lehrer.

Vokabelbox			
What's your favourite subject?		Was ist dein Lieblingsfach?	
art	Kunst	maths	Mathe
English	Englisch	music	Musik
French	Französisch	PE	Sport
German	Deutsch	religious education	Religion
personal, social and health education	Sachunterricht	sewing	Textiles Gestalten
native language education	Muttersprachlicher Unterricht	craft and design	Werken

In der Schule

Vielleicht spricht dein Englischlehrer / deine Englischlehrerin im Unterricht nur Englisch mit euch.

Am Anfang der Stunde

Good morning.	Guten Morgen.
Are you ready?	Seid ihr so weit?
Let's begin.	Lasst uns anfangen.

Der Lehrer / Die Lehrerin fordert euch auf, etwas zu tun

Please take out your …	Bitte nehmt euer / eure … heraus.
Open your books, please.	Bitte schlagt eure Bücher auf.
Sit down. / Stand up.	Setzt euch hin. / Steht auf.
Can you clean the blackboard, please?	Kannst du bitte die Tafel wischen?
Put your hand up / down, please.	Hände hoch / runter, bitte.
Colour in the picture.	Malt das Bild an.
Look at …	Schaut euch … an.
Point to …	Zeigt auf …
What is / are … ?	Was ist / sind … ?
Please draw a …	Bitte malt ein …
Listen to the story.	Hört euch die Geschichte an.
Let's say the words.	Und nun lesen wir die Wörter gemeinsam.
Put your mobile phones away!	Legt eure Handys weg!

Im Klassenzimmer wird es auch mal laut

Quiet, please!	Ruhe bitte.
Listen to me, please.	Alle mal zuhören bitte.
Stop talking, please.	Jetzt hört mal auf zu reden bitte!

Der Lehrer / Die Lehrerin will euch loben

That's very good.	Das ist sehr gut.
Well done!	Gut gemacht!
That's right!	Richtig!

Ihr sollt ein Spiel spielen

Let's play a game.	Lasst uns ein Spiel spielen.
Find a partner, please.	Sucht euch jeweils einen Partner aus.
Ben / Emma, you go first.	Ben / Emma, du fängst an.
It's your turn.	Jetzt bist du dran.

Am Ende der Stunde

Put your things away, please.	Packt eure Sachen bitte wieder ein.
Goodbye everyone.	Tschüss miteinander.
See you next time!	Bis zum nächsten Mal!

My home

bath

bed

chair

chimney

computer

cupboard

Mein Zuhause

garage

lamp

shelf

sink

sofa

table

twenty-seven

My home

Ben hat Tim zu sich nach Hause eingeladen. Auf dem Weg dahin erzählt er Tim, wo er wohnt. Was findest du nicht in seinem Zimmer, sondern im Wohnzimmer?

Tim	Ben
Where do you live?	**I live in a house.**
Wo wohnst du?	*Ich wohne in einem Haus.*
Is this your house?	**Yes, it is.**
Ist das euer Haus?	*Ja.*
How many bedrooms are there?	**Four. My bedroom is blue.**
Wie viele Schlafzimmer hat es?	*Vier. Mein Zimmer ist blau.*
Have you got a desk?	**Yes, I have.**
Hast du einen Schreibtisch?	*Ja.*
Have you got a television?	**No, I haven't.**
Hast du einen Fernseher?	*Nein.*
Where's the television?	**It's in the living room.**
Wo steht der Fernseher?	*Im Wohnzimmer.*

Wohnst du in einem großen Haus oder in einem Hochhaus? Die gibt es in Großbritannien seltener als in Deutschland. Die meisten Häuser sind kleiner als bei uns und viele Häuser sind aus rotem Backstein gebaut, fast so wie in Norddeutschland.

Wenn du schon einmal in Großbritannien warst, sind dir sicher die **terraced houses** (Reihenhäuser) aufgefallen. Oft sehen die Häuser einer ganzen Siedlung fast gleich aus, sodass man große Mühe haben kann, sich zurechtzufinden. Für Großbritannien sind außerdem so genannte **semi-detached houses** (Doppelhaushälften) typisch. Hierbei ist ein Haus einfach in der Mitte geteilt und bietet so zwei Wohnungen Platz.

Mein Zuhause

bath

Leo is having a bath.

die Badewanne

Leo badet.

bathroom

Our bathroom is white.

das Badezimmer

Unser Badezimmer ist weiß.

bed

Muffin is under the bed.

das Bett

Muffin liegt unter dem Bett.

bedroom

Our house has four bedrooms.

das Schlafzimmer

Unser Haus hat vier Schlafzimmer.

chair

This is Tim's chair.

der Stuhl

Das ist Tims Stuhl.

chimney

The chimney is on the roof.

der Schornstein

Der Schornstein ist auf dem Dach.

My home

computer

We've got a new computer.

der Computer

Wir haben einen neuen Computer.

cupboard

What's in the cupboard?

der Schrank

Was ist in dem Schrank?

door

The door is open.

die Tür

Die Tür ist offen.

fence

The fence is brown.

der Zaun

Der Zaun ist braun.

flat

Lily lives in a flat.

die Wohnung

Lily wohnt in einer Wohnung.

garage

The car is in the garage.

die Garage

Das Auto steht in der Garage.

Mein Zuhause

garden

der Garten

Muffin is in the garden.

Muffin ist im Garten.

house

das Haus

This is our house.

Das ist unser Haus.

kitchen

die Küche

Dad is in the kitchen.

Papa ist in der Küche.

lamp

die Lampe

The lamp is on.

Die Lampe ist an.

living room

das Wohnzimmer

The sofa is in the living room.

Das Sofa steht im Wohnzimmer.

Viele Leute in Großbritannien sind stolz darauf, dass sie auf einer Insel leben und dass bei ihnen vieles anders ist als sonst irgendwo. Auch in einem englischen Haus musst du dich auf Überraschungen gefasst machen. So kommt das Wasser nicht aus einem Hahn, sondern aus zwei **taps** (Hähnen) – einem für heißes Wasser und einem für kaltes Wasser.

Auch wenn du dein Handy aufladen möchtest, wirst du Augen machen. Denn die **plugs** (Steckdosen) haben nicht zwei, sondern drei Löcher. Zum Glück kannst du ganz einfach einen Adapter kaufen, den du dann dazwischenstecken kannst.

thirty-one

My home

oven

There's a cake in the oven.

der Ofen

Im Ofen ist ein Kuchen.

picture

Leo is drawing a picture.

das Bild

Leo malt ein Bild.

roof

The roof is red.

das Dach

Das Dach ist rot.

shelf

There are books on the shelf.

das Regal

Auf dem Regal stehen Bücher.

sink

The sink is in the bathroom.

das Waschbecken

Das Waschbecken ist im Badezimmer.

sofa

The sofa is yellow.

das Sofa

Das Sofa ist gelb.

Mein Zuhause

stairs 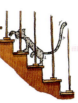 die Treppe

Felix is walking up the stairs. Felix läuft die Treppe hinauf.

table  der Tisch

This is a table. Das ist ein Tisch.

television der Fernseher

Ben is watching television. Ben schaut fern.

toilet die Toilette

The toilet is in the bathroom. Die Toilette ist im Badezimmer.

window das Fenster

The window is shut. Das Fenster ist zu.

Vokabelbox

Where do you live?		Wo wohnst du?	
I live in …	a house.	Ich wohne in …	einem Haus.
	a flat.		einer Wohnung.
Our house / flat has four rooms.		Unser Haus / Unsere Wohnung hat vier Zimmer.	
My room is blue.		Mein Zimmer ist blau.	

Around the year

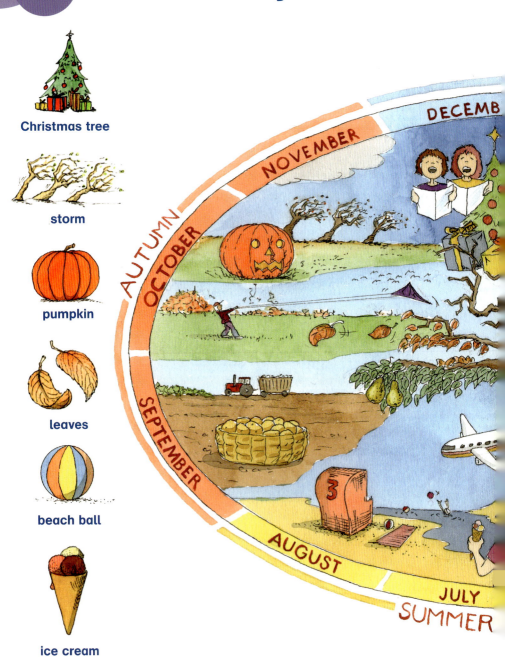

Christmas tree

storm

pumpkin

leaves

beach ball

ice cream

Rund um das Jahr

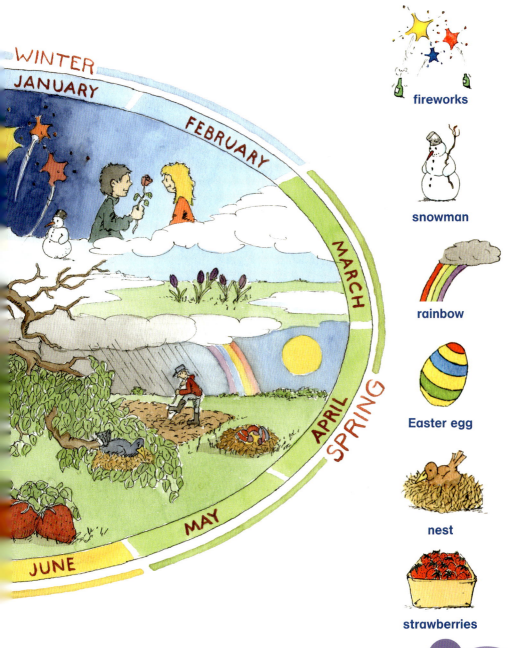

fireworks

snowman

rainbow

Easter egg

nest

strawberries

Around the year

Tim ist überrascht, dass Lily heute Geburtstag hat. Sie lädt ihn zu ihrer Geburtstagsparty ein. Wann findet die Party statt?

Lily	Tim
When's your birthday, Tim?	**My birthday's in June.** **When's your birthday?**
Wann hast du Geburtstag Tim?	*Ich habe im Juni Geburtstag. Und du?*
It's today!	**Oh, happy birthday!**
Heute!	*Oh, alles Gute zum Geburtstag!*
Thanks!	**How old are you?**
Danke!	*Wie alt bist du geworden?*
I'm ten years old.	**Are you having a party?**
Ich bin zehn Jahre alt.	*Machst du eine Party?*
Yes, I am. Would you like to come?	**Yes please. When is it?**
Ja. Möchtest du kommen?	*Gerne. Wann ist sie?*
On Saturday.	**Okay, see you then!**
Am Samstag.	*Okay, bis dann!*

Geburtstag feiert man in Großbritannien nicht viel anders als hier. Man lädt Freunde ein, es gibt Geschenke und man darf sich beim Auspusten der Kerzen auf dem Geburtstagskuchen etwas wünschen.

Sicher hast du auch schon mal das Geburtstagsständchen **„Happy birthday to you"** gesungen. Stell dir vor, es ist das bekannteste Lied in den englischsprachigen Ländern, vielleicht sogar auf der ganzen Welt! Es wurde bereits in unzählige Sprachen übersetzt und wird jedes Jahr Millionen von Geburtstagskindern vorgesungen. Man weiß nicht genau, von wem der Text zu **„Happy birthday to you"** stammt, aber die Melodie wurde von zwei amerikanischen Erzieherinnen vor über 100 Jahren geschrieben.

Rund um das Jahr

birthday

der Geburtstag

When's your birthday?
On 10th May.

Wann hast du Geburtstag?
Am 10. Mai.

birthday cake

der Geburtstagskuchen

This is my birthday cake.

Das ist mein Geburtstagskuchen.

birthday card

die Geburtstagskarte

Ben got five birthday cards.

Ben hat fünf Geburtstagskarten bekommen.

calendar

der Kalender

What's this? It's a calendar.

Was ist das?
Das ist ein Kalender.

candle

die Kerze

This candle is red.

Diese Kerze ist rot.

Vokabelbox	
Holidays	**Feste und Feiertage**
Valentine's Day	Valentinstag (14. Februar)
Easter	Ostern (März oder April)
Halloween	Halloween (31. Oktober)
Christmas	Weihnachten
New Year's Eve	Silvester (31. Dezember)

thirty-seven

Around the year

to get bekommen

Ben got inline skates for his birthday.

Ben bekam Inliner zum Geburtstag.

to give geben

Tim is giving Ben a present.

Tim gibt Ben ein Geschenk.

Happy birthday! Alles Gute zum Geburtstag!

Happy birthday, Ben!

Alles Gute zum Geburtstag Ben!

to invite einladen

Ben is inviting three friends to his party.

Ben lädt drei Freunde zu seiner Party ein.

party  die Party

Ben is having a party.

Ben macht eine Party.

Vokabelbox			
The months		**Die Monate**	
January	Januar	July	Juli
February	Februar	August	August
March	März	September	September
April	April	October	Oktober
May	Mai	November	November
June	Juni	December	Dezember

Rund um das Jahr

present das Geschenk

That's a big present! Das ist ein großes Geschenk!

today  heute

Today is 21st June. Heute ist der 21. Juni.

tomorrow  morgen

Tomorrow is 22nd June. Morgen ist der 22. Juni.

yesterday  gestern

Yesterday was 20th June. Gestern war der 20. Juni.

Vokabelbox			
The seasons		**Die Jahreszeiten**	
spring	Frühling	autumn	Herbst
summer	Sommer	winter	Winter
The days of the week		**Die Wochentage**	
Monday	Montag	Friday	Freitag
Tuesday	Dienstag	Saturday	Samstag
Wednesday	Mittwoch	Sunday	Sonntag
Thursday	Donnerstag		

thirty-nine

Spring

bird

cloud

daffodils

duck

Easter bunny

Easter egg

Frühling

lamb

nest

puddle

rainbow

sheep

sun

Spring

Emma und ihre Freundin Lily möchten draußen etwas unternehmen. Was genau hängt vom Wetter ab. Wie ist denn das Wetter heute?

Emma	Lily
What's the weather like today?	**Today the sun's shining.**
Wie ist das Wetter heute?	*Heute scheint die Sonne.*
Is it windy?	**Yes, it is.**
Ist es windig?	*Ja.*
Is it hot?	**No, it isn't.**
Ist es heiß?	*Nein.*
Is it cold?	**Yes, it is.**
Ist es kalt?	*Ja.*
Let's go rollerblading.	**Okay!**
Lass uns Inliner fahren.	*Okay!*
Oh no, it's raining.	**Look, there's a rainbow!**
Oje, es regnet.	*Schau mal, ein Regenbogen!*

Easter eggs (Ostereier) sind in Großbritannien meist groß und aus Schokolade, gefüllt mit Pralinen. Auch Erwachsene schenken sie sich. An Karfreitag gibt es eine weitere Leckerei. Die **hot cross buns** (eine Art süße Rosinenbrötchen mit einem Kreuz aus Zuckerguss), die noch heiß gegessen werden.

Der **Easter bunny** (Osterhase) hat in Großbritannien keine Tradition, sondern lebt hauptsächlich in den USA, wo er von den deutschen Einwanderern hingebracht worden war. Dafür gibt es im Norden des Vereinigten Königreichs die Tradition des **egg rolling** (Eierrollens), wobei man hart gekochte Eier einen Abhang hinunterrollen lässt. Bleibt das Ei heil, soll dies Glück bringen.

Frühling

bird der Vogel

The birds are singing. Die Vögel singen.

to blow wehen

The wind's blowing. Der Wind weht.

cloud die Wolke

Look at that cloud. Schau dir die Wolke an.

cold kalt

Brrr, it's cold! Brrr, es ist kalt!

daffodil die Osterglocke

What are these? Was sind das?
These are daffodils. Das sind Osterglocken.

Easter Ostern

Easter is in spring. Ostern ist im Frühling.

forty-three

Spring

Easter bunny

der Osterhase

Who's this?
It's the Easter bunny.

Wer ist das?
Das ist der Osterhase.

Easter egg

das Osterei

Look, an Easter egg!

Guck mal, ein Osterei!

flower

die Blume

These flowers are red.

Diese Blumen sind rot.

fog

der Nebel

Can you see Muffin
in the fog?

Kannst du Muffin im
Nebel sehen?

hot

heiß

Phew, I'm hot!

Puh, mir ist heiß!

lamb

das Lamm

Look, there's a lamb.

Schau mal, ein Lamm!

Frühling

lightning — der Blitz

Did you see the lightning? — Hast du den Blitz gesehen?

nest — das Nest

The bird is in the nest. — Der Vogel sitzt im Nest.

puddle — die Pfütze

That's a big puddle. — Das ist eine große Pfütze.

rain — der Regen

The rain is falling. — Der Regen fällt.

to rain — regnen

It's raining. — Es regnet.

rainbow — der Regenbogen

Look, there's a rainbow. — Guck mal, ein Regenbogen!

forty-five

Spring

to shine

scheinen

The sun's shining.

Die Sonne scheint.

sky

der Himmel

The sky is blue.

Der Himmel ist blau.

to snow

schneien

Look, it's snowing!

Guck mal, es schneit!

storm

der Sturm

What a storm!

Was für ein Sturm!

sun

die Sonne

The sun's hot.

Die Sonne ist heiß.

thunder

der Donner

Can you hear the thunder?

Hörst du, wie es donnert?

Frühling

umbrella

Lily's umbrella is green.

der Regenschirm

Lilys Regenschirm ist grün.

weather

What's the weather like?

das Wetter

Wie ist das Wetter?

wellies

It's raining.
Put on your wellies, please.

die Gummistiefel

Es regnet. Zieh bitte deine Gummistiefel an.

wind

The wind is blowing.

der Wind

Der Wind weht.

Vokabelbox

What's the weather like?		Wie ist das Wetter?	
It's …	sunny.	Es ist …	sonnig.
	cloudy.		bewölkt.
	rainy.		regnerisch.
	windy.		windig.
	foggy.		neblig.
	stormy.		stürmisch.
	fine.		schön.

forty-seven

Hobbies and sports

I play …

football

tennis

I like …

swimming

running

skating

ice-skating

skateboarding

skipping

Hobbys und Sportarten

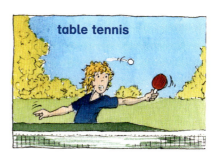

forty-nine

Hobbies and sports

Ben und Tim stellen fest, dass sie beide Sport mögen. Kannst du heraushören, welche Sportarten Tim besonders gern mag?

Ben	Tim
Hi Tim. Do you like sports?	**Yes, I do. I like football and basketball.**
Magst du Sport?	Ja. Ich mag Fußball und Basketball.
Do you like table tennis?	**No, I don't.**
Magst du Tischtennis?	Nein.
Can you play tennis?	**No, I can't.**
Kannst du Tennis spielen?	Nein.
I like skateboarding. Do you like skateboarding?	**Yes, I do. But I don't like skating.**
Ich fahre gern Skateboard. Fährst du auch Skateboard?	Ja. Aber ich fahre nicht gern Inliner.
I do! It's really good fun!	**I like cycling and swimming.**
Ich aber! Das macht voll Spaß!	Ich fahre gern Rad und gehe gern schwimmen.
Let's go swimming now!	**Good idea!**
Lass uns jetzt schwimmen gehen!	Tolle Idee!

Sport ist in Großbritannien sehr wichtig. Schließlich ist England das Heimatland des Fußballs!

Es gibt aber auch andere beliebte Sportarten wie z. B. **cricket**, ein Mannschaftsspiel, das so ähnlich wie Baseball gespielt wird. Cricket wird übrigens fast nur in Großbritannien und seinen früheren Kolonien wie Indien, Australien und den Westindischen Inseln gespielt. Die Regeln sind sehr kompliziert! Auch **rugby**, benannt nach der englischen Stadt Rugby, in der das Spiel zum ersten Mal gespielt wurde, ist sehr beliebt. Rugby wird mit einem Ball gespielt, der fast wie ein großes Ei aussieht.

Hobbys und Sportarten

basketball  der Basketball

Ben likes basketball. Ben mag Basketball.

to cycle  Rad fahren

Look, I'm cycling. Schau, ich fahre Rad.

to dance  tanzen

Lily likes dancing. Lily tanzt gerne.

to draw malen

Leo is drawing a picture. Leo malt ein Bild.

drums  das Schlagzeug

Uncle Tom plays the drums. Onkel Tom spielt Schlagzeug.

football  der Fußball

The children are playing football. Die Kinder spielen Fußball.

Hobbies and sports

guitar  die Gitarre

What's this? Was ist das?
It's a guitar. Das ist eine Gitarre.

to ice-skate  Schlittschuh laufen

Mum is ice-skating. Mama läuft Schlittschuh.

to jump  springen

Rabbits jump. Hasen springen.

to like  mögen

Felix likes mice. Felix mag Mäuse.

to paint  malen

Mum is painting. Mama malt.

piano  das Klavier

The piano is brown. Das Klavier ist braun.

Hobbys und Sportarten

to play

The children are playing football.

spielen

Die Kinder spielen Fußball.

to read

Grandpa is reading.

lesen

Opa liest.

recorder

What's this? It's a recorder.

die Blockflöte

Was ist das?
Das ist eine Blockflöte.

to ride

Can you ride? Yes, I can.

reiten

Kannst du reiten? Ja.

to run

Muffin is running.

rennen

Muffin rennt.

to sing

Grandma likes singing.

singen

Oma singt gerne.

fifty-three

Hobbies and sports

to skate

Ben is skating.

Inliner fahren

Ben fährt Inliner.

to skateboard

Tim likes skateboarding.

Skateboard fahren

Tim fährt gerne Skateboard.

to ski

Can you ski? Yes, I can.

Ski fahren

Kannst du Ski fahren? Ja.

to skip

Emma and Lily are skipping.

seilhüpfen

Emma und Lily spielen Seilhüpfen.

to sleep

Sshh, Grandpa is sleeping.

schlafen

Pst, Opa schläft.

to swim

Ben is swimming.

schwimmen

Ben schwimmt.

Hobbys und Sportarten

table tennis

Can you play
table tennis? Yes, I can.

das Tischtennis

Kannst du Tischtennis
spielen? Ja.

tennis

Dad is playing tennis.

das Tennis

Papa spielt Tennis.

trumpet

What's this?
It's a trumpet.

die Trompete

Was ist das?
Das ist eine Trompete.

violin

Can you play the violin?
No, I can't.

die Geige

Kannst du Geige spielen?
Nein.

to walk

Grandma and Grandpa
are walking.

spazieren gehen

Oma und Opa gehen
spazieren.

to write

Mum is writing her
Christmas cards.

schreiben

Mama schreibt ihre
Weihnachtskarten.

My body

arms

body

ears

face

fingers

Mein Körper

feet

hand

plaster

toes

tummy

My body

Oje, Ben ist beim Radfahren hingefallen und hat sich verletzt. Wo hat er sich wehgetan?

Doctor	Ben
Hello Ben. What's the matter? *Hallo Ben. Was ist los?* **Oh dear!** *Oje!* **Show me your knee.** **Where does it hurt?** *Zeig mir mal dein Knie.* *Wo tut es denn weh?* **Oh dear, your knee's bleeding.** *Oje, dein Knie blutet.* **Of course. Here you are. Better now?** *Natürlich. Da, bitte schön. Alles wieder gut?*	**I fell down.** *Ich bin hingefallen.* **My knee hurts.** *Mein Knie tut weh.* **It hurts here.** *Hier.* **Can I have a plaster?** *Kann ich ein Pflaster haben?* **Yes.** *Ja.*

arm — der Arm

We've got two arms. — Wir haben zwei Arme.

back — der Rücken

Grandma's back hurts. — Omas Rücken tut weh.

bottom — der Po

Ouch, that's my bottom! — Aua, das ist mein Po!

ear — das Ohr

Muffin has got big ears. — Muffin hat große Ohren.

Mein Körper

eye

Emma has got brown eyes.

das Auge

Emma hat braune Augen.

face

Ben is washing his face.

das Gesicht

Ben wäscht sich das Gesicht.

finger

We've got ten fingers.

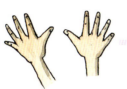

der Finger

Wir haben zehn Finger.

foot, feet

These are my feet.

der Fuß, die Füße

Das sind meine Füße.

hair

Grandma has grey hair.

die Haare

Oma hat graue Haare.

hand

Leo is holding Grandpa's hand.

die Hand

Leo hält Opas Hand.

fifty-nine

My body

head

Tim's head is hot.

der Kopf

Tim hat einen heißen Kopf.

to hurt

Grandma's back hurts.

wehtun

Omas Rücken tut weh.

ill

Tim is ill.

krank

Tim ist krank.

knee

Ben's knee hurts.

das Knie

Bens Knie tut weh.

leg

Muffin has got four legs.

das Bein

Muffin hat vier Beine.

mouth

Open your mouth and say aaahh.

der Mund

Mach den Mund auf und sag aaahh.

Mein Körper

neck  der Hals

Ben is wearing a scarf around his neck.   Ben trägt einen Schal um den Hals.

nose  die Nase

Muffin has got a black nose.   Muffin hat eine schwarze Nase.

plaster das Pflaster

Ben has got a plaster on his knee.   Ben hat ein Pflaster am Knie.

toe 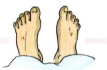 der Zeh

We've got ten toes.   Wir haben zehn Zehen.

tooth, teeth der Zahn, die Zähne

Emma is brushing her teeth.   Emma putzt sich die Zähne.

tummy  der Bauch

What a fat tummy!   Was für ein dicker Bauch!

My clothes

bra

coat

glasses

gloves

jeans

scarf

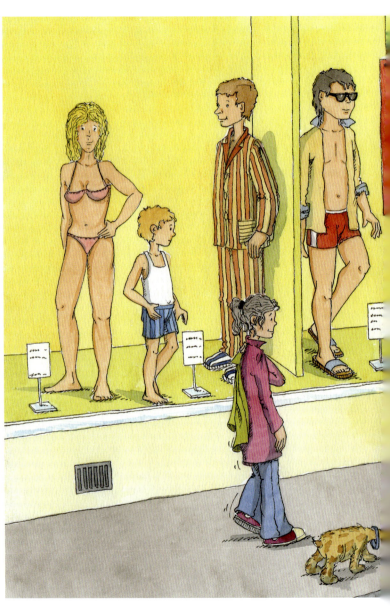

Meine Kleidung

shirt

skirt

sweatshirt

trainers

trunks

vest

My clothes

 Emma und Lily treffen sich in der Stadt. Die Mädchen unterhalten sich über Klamotten. Welche Farbe hat Lilys Lieblingsjacke?

Emma	Lily
Hi Lily!	**Hi Emma!**
	Look, I've got new jeans!
Hi Lily!	*Hi Emma!*
	Guck mal, ich habe eine neue Jeans!
Wow, they're cool!	**And I've got new shoes.**
Boah, die ist echt geil!	*Und ich habe neue Schuhe.*
What colour are they?	**They're red.**
Welche Farbe haben sie?	*Rot.*
I like them a lot.	**What are you wearing?**
Ich finde sie echt schön.	*Was hast du an?*
I'm wearing a jacket.	**Yes, I do.**
Do you like it?	
Ich habe eine Jacke an.	*Ja.*
Gefällt sie dir?	
It's my favourite jacket.	**My favourite jacket is blue.**
Das ist meine Lieblingsjacke.	*Meine Lieblingsjacke ist blau.*

Im Großen und Ganzen sind die Kinder in Großbritannien sicher ähnlich gekleidet wie du. Aber wenn sie in die Schule gehen, dann müssen sie eine spezielle **school uniform** (Schuluniform) in den Farben ihrer Schule tragen.

Für die Mädchen besteht die Uniform meist aus einer Bluse, einem Pulli sowie einem Rock und Socken. Die Schuhe darf man sich selber aussuchen, sie sollten aber eine bestimmte Farbe und keine zu hohen Absätze haben. Die Jungen tragen statt Rock eine lange Hose. Alle Schüler tragen eine **tie** (Krawatte) mit den Farben der Schule und eine Jacke, auf der das Wappen der Schule zu sehen ist.

Meine Kleidung

boots

Dad is buying new boots.

die Stiefel

Papa kauft neue Stiefel.

bra

The bra is pink.

der BH

Der BH ist rosa.

cap

Grandpa is wearing a cap.

die Mütze

Opa hat eine Mütze auf.

coat

Put on your coat, please.

der Mantel

Zieh bitte deinen Mantel an.

dress

That's a pretty dress!

das Kleid

Das ist aber ein hübsches Kleid!

glasses

Dad wears glasses.

die Brille

Papa trägt eine Brille.

My clothes

gloves

Leo has got brown gloves.

die Handschuhe

Leo hat braune Handschuhe.

hat

Grandma has got a new hat.

der Hut

Oma hat einen neuen Hut.

jacket

Ben's jacket is green.

die Jacke

Bens Jacke ist grün.

jeans

Where are your jeans? On the bed.

die Jeans

Wo ist deine Jeans? Auf dem Bett.

pants

I can see your pants!

die Unterhose

Ich kann deine Unterhose sehen!

pyjamas

Put on your pyjamas, please.

der Schlafanzug

Zieh bitte deinen Schlafanzug an.

Meine Kleidung

sandals

Emma is wearing sandals.

die Sandalen

Emma hat Sandalen an.

scarf

What's this? It's a scarf.

der Schal

Was ist das?
Das ist ein Schal.

shirt

Take off your shirt.

das Hemd

Zieh dein Hemd aus.

shoes

Lily is putting on her shoes.

die Schuhe

Lily zieht ihre Schuhe an.

shorts

Tim's shorts are green.

die kurze Hose

Tims kurze Hose ist grün.

skirt

Mum is wearing a skirt today.

der Rock

Mama hat heute einen Rock an.

sixty-seven

My clothes

sock

Where's the sock?
Under the bed.

die Socke

Wo ist die Socke?
Unterm Bett.

sweater

Grandpa's sweater is brown.

der Pulli

Opas Pulli ist braun.

sweatshirt

This is my favourite sweatshirt.

das Sweatshirt

Das ist mein Lieblingssweatshirt.

swimsuit

Emma is wearing her swimsuit.

der Badeanzug

Emma hat ihren Badeanzug an.

trainers

Ben's trainers are yellow.

die Turnschuhe

Bens Turnschuhe sind gelb.

trousers

Dad is putting on his trousers.

die Hose

Papa zieht seine Hose an.

Meine Kleidung

trunks

Dad's trunks are blue and white.

die Badehose

Papas Badehose ist blauweiß.

T-shirt

What colour is your T-shirt? It's red.

das T-Shirt

Welche Farbe hat dein T-Shirt? Es ist rot.

vest

Ben is wearing a white vest.

das Unterhemd

Ben hat ein weißes Unterhemd an.

wellies

It's raining. Put on your wellies, please.

die Gummistiefel

Es regnet. Zieh bitte deine Gummistiefel an.

Vokabelbox

What are you wearing?		Was hast du an?	
This is my …	favourite skirt.	Das ist mein …	Lieblingsrock.
	favourite sweater.		Lieblingspulli.
I'm wearing …	a red T-shirt.	Ich habe …	ein rotes T-Shirt an.
	white trainers.		weiße Turnschuhe an.
I like this.		Das mag ich.	
I don't like this.		Das mag ich nicht.	
That's …	cool!	Das ist …	geil!
	out!		uncool!

sixty-nine

Summer

beach ball

boat

bucket

crab

lighthouse

sandcastle

Sommer

seagull

spade

sun

sun cream

sun hat

towel

Summer

beach

der Strand

This is a lovely beach.

Das ist ein schöner Strand.

beach ball

der Strandball

This beach ball is blue, orange and yellow.

Dieser Strandball ist blau, orange und gelb.

bikini

der Bikini

Mum is wearing a bikini.

Mama hat einen Bikini an.

boat

das Boot

Look, there's a boat!

Guck mal, da ist ein Boot!

bottle

die Flasche

What's in the bottle? A letter.

Was ist in der Flasche? Ein Brief.

bucket

der Eimer

The bucket is red.

Der Eimer ist rot.

Sommer

crab

der Krebs

What's this? It's a crab.

Was ist das?
Das ist ein Krebs.

fish

der Fisch

That's a big fish.

Das ist ein großer Fisch!

ice cream

das Eis

Mmm, I love ice cream!

Mmm, ich liebe Eis!

lighthouse

der Leuchtturm

What's this?
It's a lighthouse.

Was ist das?
Das ist ein Leuchtturm.

sand

der Sand

Sand is yellow.

Sand ist gelb.

sandcastle

die Sandburg

Leo is building a sandcastle.

Leo baut eine Sandburg.

seventy-three

Summer

sea  das Meer

Where's Ben? He's in the sea. / Wo ist Ben? Er ist im Meer.

seagull  die Möwe

Seagulls eat fish. / Möwen fressen Fisch.

shark 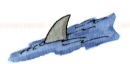 der Hai

Watch out! There's a shark! / Pass auf! Da ist ein Hai!

shell  die Muschel

That's a pretty shell. / Das ist eine hübsche Muschel.

spade  die Schaufel

Leo's spade is blue. / Leos Schaufel ist blau.

sun die Sonne

The sun's shining. / Die Sonne scheint.

Sommer

sun cream

Please put on some sun cream.

die Sonnencreme

Reib dich bitte mit Sonnencreme ein.

sunglasses

These are Mum's sunglasses.

die Sonnenbrille

Das ist Mamas Sonnenbrille.

sun hat

Leo's wearing a sun hat.

der Sonnenhut

Leo hat einen Sonnenhut auf.

swimsuit

Emma's swimsuit is red.

der Badeanzug

Emmas Badeanzug ist rot.

towel

The towel is on the sand.

das Handtuch

Das Handtuch liegt auf dem Sand.

trunks

Dad's trunks are blue and white.

die Badehose

Papas Badehose ist blauweiß.

Going shopping

apple

banana

carrots

cucumber

melon

onion

Einkaufen gehen

peach

plums

potato

shopping list

strawberries

tomato

Going shopping

Emma ist mit ihrer Mama auf den Markt einkaufen gegangen. Was kauft Emma bei der netten Obsthändlerin ein?

Emma	Obsthändlerin
Hello!	**Hello!**
	Can I help you?
Hallo!	Guten Tag!
	Kann ich dir helfen?
I'd like five apples, please.	**Here you are. Five apples.**
Ich hätte gerne fünf Äpfel bitte.	Bitte sehr, fünf Äpfel.
And two oranges, please.	**Here you are. Two oranges.**
Und zwei Orangen bitte.	Bitte sehr, zwei Orangen.
Thank you!	**Anything else?**
Danke!	Darf es sonst noch etwas sein?
No thanks.	**It's one pound twenty.**
How much is it?	
Nein, danke.	Das macht ein Pfund zwanzig.
Was kostet das?	
Here you are.	**Thank you. Bye!**
Bitte schön.	Danke. Tschüss!

Wo geht deine Familie einkaufen? In Großbritannien kaufen die meisten Menschen in sehr großen **supermarkets** (Supermärkten) ein. Sie sind viel größer als die Supermärkte hier und haben auch am Sonntag auf. Stell dir vor, manche haben sogar die ganze Nacht geöffnet!

Wenn du nach Großbritannien fährst, denk daran, dass du nicht mit Euro zahlen kannst. Dort bezahlt man nämlich mit **pounds** (Pfund) und **pence** (Pence).

Einkaufen gehen

apple

This apple is green.

der Apfel

Dieser Apfel ist grün.

banana

Leo likes bananas.

die Banane

Leo mag Bananen.

bean

Ben doesn't like beans.

die Bohne

Ben mag keine Bohnen.

carrot

Can I have a carrot, please?

die Karotte

Kann ich bitte eine Karotte haben?

to cost

These apples cost 99 p.

kosten

Diese Äpfel kosten 99 Pence.

cucumber

Cucumbers are long and green.

die Gurke

Gurken sind lang und grün.

Going shopping

lettuce

Pips and Tipsy like lettuce.

der Salat

Pips und Tipsy fressen gerne Salat.

melon

Mmm, this melon is yummy.

die Melone

Mmm, diese Melone schmeckt lecker.

money

Here's some money.

das Geld

Hier hast du Geld.

onion

What's this? It's an onion.

die Zwiebel

Was ist das?
Das ist eine Zwiebel.

orange

Where's the orange?
It's on the plate.

die Orange

Wo ist die Orange?
Sie liegt auf dem Teller.

peach

Would you like a peach?
Yes, please.

der Pfirsich

Möchtest du einen Pfirsich?
Ja, bitte.

Einkaufen gehen

plum

Ben likes plums.

die Pflaume

Ben mag Pflaumen.

potato

What's this? It's a potato.

die Kartoffel

Was ist das?
Das ist eine Kartoffel.

shopping bag

The shopping bag is heavy.

die Einkaufstasche

Die Einkaufstasche ist schwer.

shopping list

This is Mum's shopping list.

die Einkaufsliste

Das ist Mamas Einkaufsliste.

strawberry

I like strawberries.

die Erdbeere

Ich mag Erdbeeren.

tomato

Tomatoes are red.

die Tomate

Tomaten sind rot.

Food and drink

bowl

butter

cornflakes

cup

glass

jam

Essen und Trinken

knife

milk

plate

spoon

toast

yoghurt

eighty-three

Food and drink

Ben hat Hunger und geht in die Küche, wo seine Mama schon den Frühstückstisch gedeckt hat. Was möchte Ben zum Frühstück essen?

Ben	Mum
Mum, I'm hungry.	**Hello love.**
	Would you like to eat something?
Mama, ich habe Hunger.	*Möchtest du etwas essen?*
Yes, please.	**What would you like to eat?**
Ja, bitte.	*Was möchtest du essen?*
I'd like some cornflakes.	**Would you like a yoghurt?**
Ich möchte gerne Cornflakes.	*Möchtest du einen Joghurt?*
No, thanks.	**How about a banana?**
Nein, danke.	*Wie wäre es mit einer Banane?*
I don't like bananas.	**Would you like some toast?**
Bananen mag ich nicht.	*Möchtest du einen Toast?*
Yes, please!	**Are you thirsty?**
Au ja!	*Hast du Durst?*
No, I'm not.	
Nein.	

Das Essen in Großbritannien ist schon ein bisschen anders. So wird z. B. weniger dunkles Brot und viel mehr Toastbrot gegessen. Zum Frühstück gibt es meist nicht nur Toast mit Marmelade, sondern zuvor bereits schon ein so genanntes **cereal**. Dabei kann es sich um **cornflakes**, **porridge** (Haferschleim), **muesli** oder z. B. **weetabix** (gepresste Weizenflocken) handeln.

Ob es mittags, nachmittags oder abends warmes Essen gibt, hängt von den Lebensgewohnheiten der Familie ab. Da Kinder den ganzen Tag in der Schule sind, nehmen sie eine warme Mahlzeit oft erst abends zum **dinner** (Abendessen) zu sich, das in manchen Gegenden auch **tea** genannt wird. Wenn die Schule kein warmes Mittagessen anbietet, nehmen Kinder stattdessen **sandwiches** (Pausenbrote) mit.

Essen und Trinken

biscuit

Ben likes biscuits.

der Keks

Ben mag Kekse.

bowl

What's in the bowl?
Spaghetti.

die Schüssel

Was ist in der Schüssel?
Spaghetti.

bread

Can I have some bread?

das Brot

Kann ich ein Stück Brot haben?

butter

The butter is soft!

die Butter

Die Butter ist weich!

cake

Would you like some cake?

der Kuchen

Möchtest du ein Stück Kuchen?

cheese

I like cheese.

der Käse

Ich mag Käse.

Food and drink

chicken

Mmm, the chicken smells good!

das Hühnchen

Mmm, das Hühnchen riecht gut!

chips

Ben likes chips with ketchup.

die Pommes frites

Ben mag Pommes frites mit Ketchup.

chocolate

Would you like some chocolate?

die Schokolade

Möchtest du etwas Schokolade?

coffee

Grandpa is drinking coffee.

der Kaffee

Opa trinkt Kaffee.

cornflakes

Ben has cornflakes for breakfast.

die Cornflakes

Ben isst Cornflakes zum Frühstück.

cup

What's in the cup? Tea.

die Tasse

Was ist in der Tasse? Tee.

Essen und Trinken

egg

das Ei

Would you like an egg?

Möchtest du ein Ei?

fish

der Fisch

Ben likes fish and chips.

Ben mag Fisch mit Pommes frites.

fork

die Gabel

This is a fork.

Das ist eine Gabel.

fruit

das Obst

The fruit is in the bowl.

Das Obst ist in der Schüssel.

glass

das Glas

What's in the glass? Water.

Was ist in dem Glas? Wasser.

honey

der Honig

Leo is eating toast with honey.

Leo isst Toast mit Honig.

eighty-seven

Food and drink

ice cream

das Eis

It's hot.
Let's have an ice cream.

Es ist heiß.
Lass uns ein Eis essen.

jam

die Marmelade

Mmm, I like strawberry jam.

Mmm, ich mag Erdbeer-
marmelade.

knife

das Messer

What's this?
It's a knife.

Was ist das?
Das ist ein Messer.

milk

die Milch

Leo drinks milk for
breakfast.

Leo trinkt Milch zum
Frühstück.

muesli

das Müsli

Do you like muesli?
No, I don't.

Magst du Müsli? Nein.

orange juice

der Orangensaft

Emma is drinking
orange juice.

Emma trinkt
Orangensaft.

Essen und Trinken

Vor der Osterzeit liegt im christlichen Kalender eine lange Fastenzeit, die auf Englisch **Lent** heißt. Sowohl in Deutschland als auch in England beginnt diese Fastenzeit nach dem Fastnachtsdienstag, der in England **Shrove Tuesday** oder **Pancake Day** (Pfannkuchentag) genannt wird. Traditionell gibt es an diesem Tag Pfannkuchen, denn vor der Fastenzeit muss man reichhaltige Nahrungsmittel wie Eier und Butter noch schnell aufbrauchen. In einigen Gegenden gibt es auch **pancake races** (Pfannkuchenrennen). Hierbei hat jeder eine Pfanne mit einem Pfannkuchen, den er während des Rennens immer wieder zum Wenden in die Luft werfen muss. Natürlich sollte man den Pfannkuchen dabei nicht verlieren!

pancake  der Pfannkuchen

Dad is making pancakes. — Papa macht Pfannkuchen.

pizza  die Pizza

My favourite food is pizza. — Mein Lieblingsessen ist Pizza.

plate  der Teller

The plate is on the table. — Der Teller liegt auf dem Tisch.

pot der Topf

What's in the pot? Soup. — Was ist in dem Topf? Suppe.

salad  der Salat

Mum likes salad. — Mama isst gerne Salat.

eighty-nine

Food and drink

sandwich

Can I have a sandwich, please?

das Sandwich

Kann ich bitte ein Sandwich haben?

sausage

Muffin wants a sausage too!

das Würstchen

Muffin möchte auch ein Würstchen!

soup

Dad is cooking soup.

die Suppe

Papa kocht eine Suppe.

spaghetti

We're having spaghetti for dinner.

die Spaghetti

Zum Abendessen gibt es Spaghetti.

spoon

What's this?
It's a spoon.

der Löffel

Was ist das?
Das ist ein Löffel.

tea

Dad drinks tea for breakfast.

der Tee

Papa trinkt Tee zum Frühstück.

Essen und Trinken

toast  der Toast

I have toast for breakfast. Zum Frühstück esse ich Toast.

vegetable  das Gemüse

Do you like vegetables? Magst du Gemüse?
Yes, I do. Ja.

water das Wasser

Muffin drinks lots of water. Muffin trinkt sehr viel Wasser.

yoghurt der Joghurt

Can I have the yoghurt, please? Darf ich bitte den Joghurt haben?

Vokabelbox

Was man mit Essen und Trinken macht		Über das Essen reden	
to bake	backen	I like …	Ich mag …
to cook	kochen	I don't like …	Ich mag … nicht.
to drink	trinken	I'm hungry.	Ich habe Hunger.
to eat	essen	I'm thirsty.	Ich habe Durst.
to feed	füttern	My favourite meal is …	Mein Lieblings-essen ist …
Mahlzeiten			
breakfast	Frühstück	Mmm, yummy!	Mmm, lecker!
lunch	Mittagessen	Can I have some …?	Darf ich etwas … haben?
dinner	Abendessen	Would you like some …?	Möchtest du etwas …?

On holiday

Im Urlaub

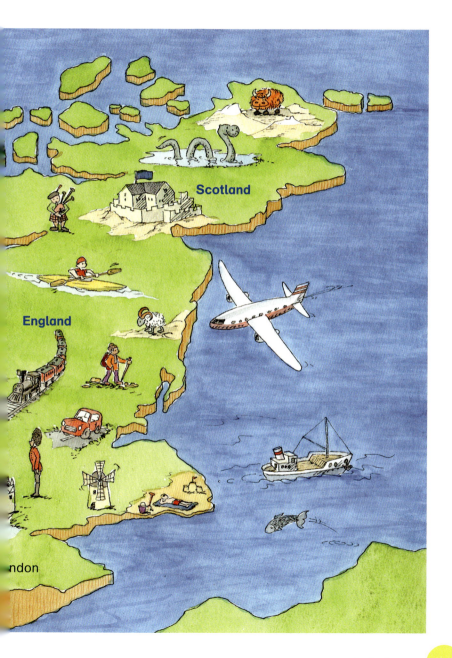

On holiday

Es sind bald Sommerferien. Emma und Lily fahren beide mit ihren Familien in Urlaub. Wo fahren sie hin?

Emma	Lily
Are you going on holiday?	**Yes, I am.**
Fährst du in Urlaub?	*Ja.*
Where are you going?	**I'm going to Ireland.**
Wo fährst du hin?	*Ich fahre nach Irland.*
What will you do in Ireland?	**I'll go to the beach.**
Was wirst du in Irland machen?	*Ich werde an den Strand gehen.*
Will you visit a museum?	**Yes, I will.**
	Where are you going on holiday?
Wirst du ein Museum besuchen?	*Ja. Wo fährst du in Urlaub hin?*
I'm going to the mountains.	**What will you do in the mountains?**
Ich fahre in die Berge.	*Was wirst du in den Bergen machen?*
I'll go walking and riding. And I'll look for the Loch Ness Monster!	**Good luck!**
Ich werde wandern und reiten gehen. Und ich werde das Ungeheuer von Loch Ness suchen!	*Viel Glück!*

Warst du schon einmal in London und hast dir **Buckingham Palace** (den Königspalast), den **Tower of London** (das alte Turmverlies), die **Downing Street** mit dem Haus des Premierministers oder das **London Eye** (das Riesenrad am Ufer der Themse) angeschaut? Dann kennst du ja bereits die Hauptstadt von England, die gleichzeitig auch die Hauptstadt des gesamten **United Kingdom** (Vereinigten Königreichs) ist.

Die Königin oder der König von England regiert auf den Britischen Inseln über vier Länder. Drei Länder – England (mit der Hauptstadt London), Wales (mit Cardiff) und Schottland (mit Edinburgh) – heißen zusammen **Great Britain** (Großbritannien). Zum Vereinigten Königreich gehört zusätzlich noch ein Stückchen von Irland, nämlich Nordirland mit der Hauptstadt Belfast.

Im Urlaub

airport

der Flughafen

There are lots of planes at the airport.

Am Flughafen sind viele Flugzeuge.

boat

das Boot

That's a big boat!

Das ist ein großes Boot!

car

das Auto

This is Dad's car.

Das ist Papas Auto.

to go camping

zelten gehen

We're going camping.

Wir gehen zelten.

to go on holiday

in Urlaub fahren

I'm going on holiday tomorrow.

Ich fahre morgen in Urlaub.

hotel

das Hotel

We're staying in a hotel.

Wir wohnen im Hotel.

On holiday

mountains

Where are you going on holiday? To the mountains.

die Berge

Wo fahrt ihr im Urlaub hin? In die Berge.

museum

We're visiting a museum today.

das Museum

Wir besuchen heute ein Museum.

to pack

Mum is packing the suitcases.

packen

Mama packt die Koffer.

plane

Wow, that's a big plane!

das Flugzeug

Boah, das ist ein großes Flugzeug!

seaside

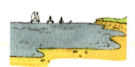

We're going to the seaside.

das Meer

Wir fahren ans Meer.

suitcase

The suitcase is very heavy.

der Koffer

Der Koffer ist sehr schwer.

Im Urlaub

taxi  das Taxi

Look, there's a taxi! Guck mal, da ist ein Taxi!

tent  das Zelt

What's this? It's a tent. Was ist das? Das ist ein Zelt.

ticket die Fahrkarte

Have you got the tickets? Yes, I have. Hast du die Fahrkarten? Ja.

train  der Zug

It's a long train. Das ist ein langer Zug.

Vokabelbox

I'm going to …	Ich fahre …	I'm going to …	Ich fahre …
Austria	nach Österreich	Ireland	nach Irland
Croatia	nach Kroatien	Italy	nach Italien
Denmark	nach Dänemark	Morocco	nach Marokko
England	nach England	Portugal	nach Portugal
France	nach Frankreich	Spain	nach Spanien
Great Britain	nach Großbritannien	Switzerland	in die Schweiz
Greece	nach Griechenland	Turkey	in die Türkei
Holland	nach Holland	the USA	in die USA

Autumn

apple

berries

coat

conker

deer

Herbst

kite

leaves

nuts

squirrel

tree

Autumn

apple der Apfel

Would you like an apple? Möchtest du einen Apfel?
Yes, please. Ja, bitte.

berry  die Beere

Birds like berries. Vögel essen gerne Beeren.

conker die Kastanie

What's this? It's a Was ist das?
conker. Das ist eine Kastanie.

deer  das Reh

Look, there's a deer! Guck mal, ein Reh!

In der **Guy Fawkes Night,** oder auch **Bonfire Night** genannt, denkt man in Großbritannien an die Ereignisse vom 5. November 1605. Damals hätte es fast einen Anschlag auf das britische Parlament und den englischen König gegeben. Eine Reihe von Verschwörern hatte an diesem Tag 36 Fässer mit Sprengstoff unter dem Parlamentsgebäude versteckt.

Soldaten erwischten jedoch Guy Fawkes, wie er gerade Feuer an die Lunte legen wollte und nahmen ihn fest. Der Anschlag konnte so verhindert werden. Guy Fawkes und sieben seiner Mitverschwörer wurden hingerichtet. Noch heute finden in Großbritannien deshalb am Abend des 5. November große Feuerwerke und **bonfires** (Freudenfeuer) statt, auf denen selbst gebastelte Guy-Fawkes-Puppen verbrannt werden.

Herbst

kite

Ben is flying his kite.

der Drachen

Ben lässt seinen Drachen steigen.

leaf, leaves

Some leaves are red, some are brown.

das Blatt, die Blätter

Manche Blätter sind rot, manche braun.

nut

Squirrels like nuts.

die Nuss

Eichhörnchen mögen Nüsse.

pumpkin

That's a big pumpkin.

der Kürbis

Das ist ein großer Kürbis.

squirrel

What's this? It's a squirrel.

das Eichhörnchen

Was ist das? Das ist ein Eichhörnchen.

tree

The bird is in the tree.

der Baum

Der Vogel sitzt im Baum.

one hundred and one

The town where I live

ambulance

bus

bus stop

car

fire engine

Die Stadt, in der ich lebe

lorry

motorbike

road

traffic lights

train

The town where I live

Tim ist erst vor kurzem in die Stadt gezogen und kennt sich noch nicht so gut aus. Er erklärt Emma, wo er wohnt. Hör mit, um herauszufinden, wo er wohnt.

Emma	Tim
Hi Tim! Where do you live?	**Hi Emma! I live in town.**
Hi Tim! Wo wohnst du?	Hi Emma! Ich wohne in der Stadt.
Do you live in a house?	**No, I live in a flat.**
Wohnst du in einem Haus?	Nein, ich wohne in einer Wohnung.
Where is it?	**It's opposite the supermarket.**
Wo ist sie?	Sie liegt gegenüber vom Supermarkt.
Is it next to the hospital?	**No, it isn't.**
Ist sie neben dem Krankenhaus?	Nein.
Is it next to the park?	**Yes, it is. Where do you live?**
Ist sie neben dem Park?	Ja. Wo wohnst du?
I live behind the playground.	**Where's the playground?**
Ich wohne hinter dem Spielplatz.	Wo ist der Spielplatz?
It's opposite the park.	
Der Spielplatz ist gegenüber vom Park.	

Auf den Straßen des Vereinigten Königreichs musst du sehr aufpassen, denn die Autos fahren für uns auf der „falschen" Seite, d.h. links. Sie kommen also nicht unbedingt aus der Richtung, aus der du sie vielleicht erwarten würdest.

Eine weitere Besonderheit der Briten ist das **queuing** (Schlangestehen). Hier sind die Briten sehr gewissenhaft. Du solltest dich in Großbritannien also nie vordrängeln, selbst wenn du z.B. auf einen der berühmten roten Doppeldeckerbusse wartest. Wenn man aus einem Bus aussteigt, ist es übrigens üblich, sich beim Aussteigen mit einem ‚thank you' zu bedanken.

Die Stadt, in der ich lebe

ambulance

Look, there's an ambulance.

der Krankenwagen

Guck mal, ein Krankenwagen!

bike

Ben is riding his bike.

das Fahrrad

Ben fährt Fahrrad.

bulldozer

What's this?
It's a bulldozer.

der Bagger

Was ist das?
Das ist ein Bagger.

bus

The bus is red.

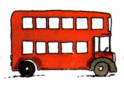

der Bus

Der Bus ist rot.

bus stop

Grandpa is at the bus stop.

die Bushaltestelle

Opa steht an der Bushaltestelle.

car

This is Dad's car.

das Auto

Das ist Papas Auto.

one hundred and five

The town where I live

fire engine

das Feuerwehrauto

Listen, a fire engine.

Hör mal, ein Feuerwehrauto.

hospital

das Krankenhaus

The hospital is opposite the school.

Das Krankenhaus liegt gegenüber der Schule.

house

das Haus

We live in a big house.

Wir wohnen in einem großen Haus.

lorry

der Lastwagen

That's a big lorry!

Das ist ein großer Lastwagen!

motorbike

das Motorrad

Motorbikes are very loud.

Motorräder sind sehr laut.

park

der Park

The park is next to the school.

Der Park ist neben der Schule.

Die Stadt, in der ich lebe

playground  der Spielplatz

The children are at the playground. Die Kinder sind auf dem Spielplatz.

road  die Straße

This is a long road. Das ist eine lange Straße.

station  der Bahnhof

Where's the station? Next to the hospital. Wo ist der Bahnhof? Neben dem Krankenhaus.

supermarket  der Supermarkt

This is a big supermarket. Das ist ein großer Supermarkt.

traffic lights die Ampel

The cars are waiting at the traffic lights. Die Autos warten an der Ampel.

train  der Zug

It's a long train. Das ist ein langer Zug.

one hundred and seven

Fairy tales

castle

dragon

dwarf

fairy

frog

giant

Märchen

king

prince

princess

queen

witch

wolf

Fairy tales

castle

The king lives in a castle.

das Schloss

Der König lebt in einem Schloss.

dragon

What a big dragon!

der Drache

Was für ein großer Drache!

dwarf, dwarves

Snow White and the seven dwarves.

der Zwerg, die Zwerge

Schneewittchen und die sieben Zwerge.

fairy

Look, there's a fairy!

die Fee

Guck mal, eine Fee!

giant

This giant is very big.

der Riese

Dieser Riese ist sehr groß.

king

The king has got white hair.

der König

Der König hat weiße Haare.

Märchen

prince der Prinz

The prince is kissing Sleeping Beauty.
Der Prinz küsst Dornröschen.

princess  die Prinzessin

The princess is kissing the frog.
Die Prinzessin küsst den Frosch.

queen die Königin

Who's this?
This is the queen.
Wer ist das?
Das ist die Königin.

witch die Hexe

The witch has caught Hansel and Gretel.
Die Hexe hat Hänsel und Gretel gefangen.

wolf der Wolf

The wolf has long teeth.
Der Wolf hat lange Zähne.

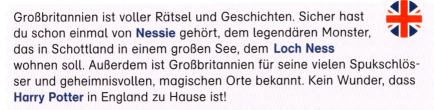

Großbritannien ist voller Rätsel und Geschichten. Sicher hast du schon einmal von **Nessie** gehört, dem legendären Monster, das in Schottland in einem großen See, dem **Loch Ness** wohnen soll. Außerdem ist Großbritannien für seine vielen Spukschlösser und geheimnisvollen, magischen Orte bekannt. Kein Wunder, dass **Harry Potter** in England zu Hause ist!

Aber auch einige andere gute alte Bekannte kommen aus Groß-britannien. Zum Beispiel **Robin Hood**, der in der Nähe der englischen Stadt Nottingham im **Sherwood Forest** (Sherwood Wald) mit seiner Räuberbande gehaust haben soll. Oder **Peter Pan,** der Junge aus London, der nicht erwachsen werden wollte und mit der Elfe **Tinkerbell** gegen den berüchtigten Piraten **Captain Hook** kämpft.

Animals

bear

chicks

cow

elephant

goat

hippo

Tiere

lion

monkey

penguin

pig

rabbit

Animals

Magst du Tiere? Emma und Lily schon. Hör zu und finde heraus, welches Emmas Lieblingstier ist.

Emma	Lily
What's your favourite animal?	**My favourite animal is a horse.**
Was ist dein Lieblingstier?	*Mein Lieblingstier ist ein Pferd.*
Have you got a horse?	**No, I haven't.**
	What's your favourite animal?
Hast du ein Pferd?	*Nein.*
	Was ist dein Lieblingstier?
My favourite animal is a dog.	**Have you got a dog?**
Mein Lieblingstier ist ein Hund.	*Hast du einen Hund?*
Yes, I have. His name is Muffin. Do you like dogs?	**No, I don't.**
Ja. Er heißt Muffin. Magst du Hunde?	*Nein.*
Do you like cats?	**Yes, I do.**
Magst du Katzen?	*Ja.*
Have you got a cat?	**No, I've got a rabbit.**
Hast du eine Katze?	*Nein, ich habe ein Kaninchen.*

Die Briten sind für ihre große Liebe zu ihren **pets** (Haustieren) und besonders zu ihren Hunden bekannt. Viele Familien haben zwei (oder sogar noch mehr) Hunde, oft einen großen und einen kleinen. Du kennst sicher viele Hunderassen, die einen englischen Namen haben, wie etwa **terrier** oder **collie**. Vielleicht fallen dir ja noch mehr ein.

Neben den Hunden sind Katzen, Kaninchen und Meerschweinchen die beliebtesten Haustiere in Großbritannien. Ein Haustier, das viele englische Kinder lieben, das aber in Deutschland nicht so bekannt ist, heißt **gerbil**. Kannst du dir vorstellen, was das ist? Bestimmt nicht, es ist eine Rennmaus!

Tiere

bear der Bär

Sshh, the bear is sleeping.  Pst, der Bär schläft.

budgie der Wellensittich

Tim has two budgies.  Tim hat zwei Wellensittiche.

cat die Katze

Felix is Emma's cat.  Felix ist Emmas Katze.

chick das Küken

Chicks are soft and yellow. Küken sind weich und gelb.

cow die Kuh

Cows say 'moo'.  Kühe machen „muh".

crocodile das Krokodil

Where's the crocodile?  Wo ist das Krokodil?
In the river. Im Fluss.

one hundred and fifteen

Animals

dog der Hund

Muffin is Ben's dog. Muffin ist Bens Hund.

donkey  der Esel

Donkeys say 'ee-aw'. Esel machen „i-ah".

duck  die Ente

Do you like ducks? Magst du Enten? Ja.
Yes, I do.

elephant  der Elefant

This is a big elephant. Das ist ein großer Elefant.

frog  der Frosch

What's this? Was ist das?
It's a frog. Das ist ein Frosch.

giraffe  die Giraffe

The giraffe has a Die Giraffe hat einen
long neck. langen Hals.

116 one hundred and sixteen

Tiere

goat

The goat is eating grass.

die Ziege

Die Ziege frisst Gras.

goldfish

Goldfish are orange.

der Goldfisch

Goldfische sind orange.

guinea pig

Tim's guinea pig is called Henry.

das Meerschweinchen

Tims Meerschweinchen heißt Henry.

hamster

Pips and Tipsy are hamsters.

der Hamster

Pips und Tipsy sind Hamster.

hen

How many hens are there? Two.

das Huhn

Wie viele Hühner sind das? Zwei.

hippo

Hippos like water.

das Nilpferd

Nilpferde mögen Wasser.

one hundred and seventeen

Animals

horse  das Pferd

Lily likes horses. Lily mag Pferde.

lion der Löwe

Look, a lion! Guck mal, ein Löwe!

monkey  der Affe

Monkeys like bananas. Affen mögen gerne Bananen.

mouse, mice die Maus, die Mäuse

This mouse is very small. Diese Maus ist sehr klein.

penguin der Pinguin

Penguins are black and white. Pinguine sind schwarz und weiß.

pig  das Schwein

Pigs grunt. Schweine grunzen.

Tiere

rabbit

das Kaninchen

The rabbit is eating a carrot.

Das Kaninchen frisst eine Karotte.

sheep

das Schaf

What's this? It's a sheep.

Was ist das?
Das ist ein Schaf.

tail

der Schwanz

The lion has a long tail.

Der Löwe hat einen langen Schwanz.

tiger

der Tiger

Do you like tigers?
Yes, I do.

Magst du Tiger? Ja.

tortoise

die Schildkröte

Tortoises are very slow.

Schildkröten sind sehr langsam.

zebra

das Zebra

Is this a horse?
No, it's a zebra.

Ist das ein Pferd?
Nein, das ist ein Zebra.

one hundred and nineteen

Winter

carrots

Christmas tree

gloves

ice

ice skates

icicle

Winter

scarf

skis

sledge

snowball

snowboard

snowman

Winter

Heute ist Valentinstag. Ben und Tim unterhalten sich über die Mädchen in ihrer Klasse. Wem möchte Tim eine Valentinskarte schicken?

Ben	Tim
Hi Tim!	**Hi Ben!**
Hi Tim!	*Hi Ben!*
What are you doing?	**I'm writing a Valentine's card.**
Was machst du?	*Ich schreibe eine Valentinskarte.*
Why?	**Because it's Valentine's Day!**
Wieso?	*Weil es Valentinstag ist!*
Who's the card for?	**It's for Emma.**
Für wen ist die Karte?	*Sie ist für Emma.*
Do you like Emma?	**No, I love Emma!**
Magst du Emma?	*Nein, ich liebe Emma!*
And I love Lily!	**Write Lily a Valentine's card.**
Und ich liebe Lily!	*Dann schreib Lily doch eine Valentinskarte!*
Good idea!	
Gute Idee!	

Sicher hast du schon mal von **Valentine's Day** (Valentinstag) am 14. Februar gehört. Diese Tradition kommt ursprünglich aus Großbritannien. An diesem Tag schreiben Verliebte sich Karten und schicken Blumen, meist Rosen.

Der Legende nach geht **Valentine's Day** auf den Bischof Valentin von Terni zurück, der heimlich Liebespaare traute, die eigentlich nicht heiraten durften. Den frisch verheirateten Paaren soll er Blumen aus seinem Garten geschenkt haben.

Heute schickt man sich natürlich nicht nur Karten, sondern auch SMS. Du kannst deinem Schatz z.B. **12 x ---<---<** (12 Rosen) oder die Nachricht **WUBMV**?, was so viel heißt wie 'Will you be my Valentine?' (Willst du mein Schatz sein?), schicken.

Winter

Christmas

Happy Christmas!

Weihnachten

Frohe Weihnachten!

cold

Brr, it's cold!

kalt

Brr, es ist kalt!

fireworks

What lovely fireworks!

das Feuerwerk

Was für ein schönes Feuerwerk!

holly

What's this?
It's holly.

die Stechpalme

Was ist das?
Das ist eine Stechpalme.

ice

Be careful on the ice!

das Eis

Sei vorsichtig auf dem Eis!

ice skate

These are Lily's ice skates.

der Schlittschuh

Das sind Lilys Schlittschuhe.

Winter

icicle

Look, a long icicle!

der Eiszapfen

Guck mal, ein langer Eiszapfen!

to kiss

Dad is kissing mum.

küssen

Papa küsst Mama.

to love

Grandma loves Grandpa.

lieben

Oma liebt Opa.

New Year's Eve

New Year's Eve is on 31st December.

Silvester

Silvester ist am 31. Dezember.

ski

These are Ben's skis.

der Ski

Das sind Bens Skier.

Wusstest du, dass **New Year's Eve** (Silvester) in Schottland **Hogmanay** heißt? Nach Mitternacht besuchen die Schotten Nachbarn und Freunde und schenken ihnen etwas zu essen und trinken sowie ein Stück Kohle. Diese Tradition soll Glück im nächsten Jahr bringen und heißt **first-footing**. Es bringt besonders viel Glück, wenn der erste Besucher ein Mann mit dunklen Haaren ist!

Winter

sledge

Leo has got a new sledge.

der Schlitten

Leo hat einen neuen Schlitten.

snow

Snow is white.

der Schnee

Schnee ist weiß.

snowball

Watch out, a snowball!

der Schneeball

Pass auf, ein Schneeball!

snowboard

What's this?
It's Emma's snowboard.

das Snowboard

Was ist das?
Das ist Emmas Snowboard.

snowflake

Muffin has got a snowflake on his nose.

die Schneeflocke

Muffin hat eine Schneeflocke auf der Nase.

snowman

Look, a snowman!

der Schneemann

Guck mal, ein Schneemann!

one hundred and twenty-five

Merry Christmas

ball

candle

Christmas tree

cracker

Father Christmas

Frohe Weihnachten

holly

present

stocking

turkey

reindeer

Merry Christmas

Es ist Weihnachten. Opa stibitzt heimlich etwas Kuchen und Felix versteckt sich im Geschenkpapier. Währenddessen zeigen sich Ben und Emma gegenseitig ihre Geschenke. Was hat Emma zu Weihnachten bekommen?

Ben	Emma
Merry Christmas, Emma!	**Merry Christmas, Ben!**
Frohe Weihnachten Emma!	*Frohe Weihnachten Ben!*
Look, I got a car for Christmas!	**Wow, it's really fast!**
Guck mal, ich habe ein Auto zu Weihnachten bekommen!	*Boah, es fährt echt schnell!*
What did you get for Christmas?	**I got a new dress.**
Was hast du zu Weihnachten bekommen?	*Ein neues Kleid.*
What colour is it?	**It's purple. Look!**
Welche Farbe hat es?	*Es ist lila. Guck mal!*
It's pretty.	**Thanks.**
Es ist hübsch.	*Danke.*

In Großbritannien bekommt man nicht am **Christmas Eve** (Heiligabend) seine Geschenke, sondern erst am 25. Dezember, dem **Christmas Day**.

Vor Weihnachten gibt es viel zu tun! Britische Kinder schreiben ihre Wunschzettel und legen sie zusammen mit ein paar leckeren Weihnachtstörtchen für den Weihnachtsmann vor die Haustür oder auf den Kaminsims. Dann hängen sie große **stockings** (Strümpfe) an den Kamin, damit der Weihnachtsmann dort die Geschenke hineinlegen kann.

Typisch sind auch die **crackers** (Knallbonbons), die traditionell am 25. Dezember geöffnet werden, und zwar vor dem **Christmas dinner** (Weihnachtsessen). Dabei zieht einer an einem Ende des **crackers** und ein anderer am anderen. Derjenige, der die größte Hälfte in der Hand hält, darf den Inhalt behalten. Er besteht meistens aus einem zusammengefalteten Papierhut, den man während des Essens tragen muss, einer Kleinigkeit sowie einem albernen Witz.

Frohe Weihnachten

angel　　　　　　　　　　　der Engel

Put the angel on the　　　　　Häng den Engel an den
Christmas tree.　　　　　　　Weihnachtsbaum.

ball　　　　　　　　　　　　die Kugel

The balls on the　　　　　　　Die Kugeln am
Christmas tree　　　　　　　　Weihnachtsbaum
are red.　　　　　　　　　　　sind rot.

candle　　　　　　　　　　die Kerze

The candle is red.　　　　　　Die Kerze ist rot.

Christmas card　　　　　　die Weihnachtskarte

Mum is writing　　　　　　　Mama schreibt
Christmas cards.　　　　　　Weihnachtskarten.

Christmas pudding　　　　der Christmas Pudding

What's this?　　　　　　　　Was ist das?
It's Christmas pudding.　　　Das ist ein Christmas
　　　　　　　　　　　　　　Pudding.

Christmas tree　　　　　　der Weihnachtsbaum

That's a big Christmas tree!　Das ist ein großer
　　　　　　　　　　　　　　Weihnachtsbaum!

one hundred and twenty-nine

Merry Christmas

cracker

das Knallbonbon

What's this?
It's a cracker.

Was ist das?
Das ist ein Knallbonbon.

to decorate

schmücken

Emma is decorating
the Christmas tree.

Emma schmückt
den Weihnachtsbaum.

Father Christmas

der Weihnachtsmann

Have you ever seen
Father Christmas?

Hast du jemals den
Weihnachtsmann
gesehen?

mistletoe

der Mistelzweig

Mum is kissing dad under
the mistletoe.

Mama küsst Papa unter
dem Mistelzweig.

present

das Geschenk

That's a big present!

Das ist ein großes
Geschenk!

reindeer

das Rentier

Father Christmas has got
lots of reindeer.

Der Weihnachtsmann hat
viele Rentiere.

Frohe Weihnachten

star  der Stern

This is a star. Das ist ein Stern.

stocking der Strumpf

What's this? Was ist das?
It's a stocking. Das ist ein Strumpf.

turkey der Truthahn

We have turkey for An Weihnachten gibt es
Christmas dinner. bei uns Truthahn.

wish list der Wunschzettel

Ben is writing his Ben schreibt seinen
wish list. Wunschzettel.

Vokabelbox			
	What would you like for Christmas?	Was wünscht du dir zu Weihnachten?	
I'd like …	inline skates.	Ich wünsche mir …	Inliner.
	a computer game.		ein Computerspiel.
	a book.		ein Buch.
	a sweatshirt.		ein Sweatshirt.
What did you get for Christmas?		Was hast du zu Weihnachten bekommen …?	
I got …		Ich habe … bekommen.	

one hundred and thirty-one

My toys

book

car

computer

doll

doll's house

guitar

Meine Spielsachen

marbles

MP3 player

pencil

school bag

teddy bear

train

My toys

book  das Buch

This is my favourite book. Das ist mein Lieblingsbuch.

car  das Auto

The car is blue. Das Auto ist blau.

cards  die Spielkarten

Tim and Ben are playing cards. Tim and Ben spielen Karten.

computer  der Computer

I've got a new computer. Ich habe einen neuen Computer.

computer game  das Computerspiel

Ben likes playing computer games. Ben spielt gerne Computerspiele.

doll  die Puppe

That's a pretty doll. Das ist eine hübsche Puppe.

Meine Spielsachen

doll's house

This is Emma's doll's house.

das Puppenhaus

Das ist Emmas Puppenhaus.

game

Let's play a game.

das Spiel

Lass uns ein Spiel spielen.

marbles

How many marbles are there? Four.

die Murmeln

Wie viele Murmeln sind das? Vier.

MP3 player

Have you got an MP3 player? No, I haven't.

der MP3-Player

Hast du einen MP3-Player? Nein.

teddy bear

Leo's teddy bear is called Bert.

der Teddybär

Leos Teddybär heißt Bert.

train

This is Ben's train.

die Eisenbahn

Das ist Bens Eisenbahn.

Describing people and things

yellow

orange

red

pink

purple

blue

Personen und Dinge beschreiben

Describing people and things – Opposites

big – little

The dog is big
but the mouse is little.

groß – klein

Der Hund ist groß,
aber die Maus ist klein.

fast – slow

Rabbits are fast but
tortoises are slow.

schnell – langsam

Hasen sind schnell, aber
Schildkröten sind langsam.

fat – thin

One book is fat and
one book is thin.

dick – dünn

Ein Buch ist dick und
ein Buch ist dünn.

full – empty

One glass is full and one
is empty.

voll – leer

Ein Glas ist voll und eines
ist leer.

happy – sad

Ben's happy but
Paul's sad.

glücklich – traurig

Ben ist glücklich,
aber Paul ist traurig.

heavy – light

A pig is heavy
but a mouse is light.

schwer – leicht

Ein Schwein ist schwer,
aber eine Maus ist leicht.

Personen und Dinge beschreiben – Gegensätze

hot – cold

Tea is hot but
ice cream is cold.

heiß – kalt

Tee ist heiß,
aber Eis ist kalt.

left – right

This is left and this is right.

linke(r, s) – rechte(r, s)

Das ist links und das
ist rechts.

long – short

One snake is long and
one is short.

lang – kurz

Eine Schlange ist lang
und eine ist kurz.

old – new

This car is old
and this car is new.

alt – neu

Dieses Auto ist alt,
und dieses Auto ist neu.

old – young

Grandpa is old
but Leo is young.

alt – jung

Opa ist alt,
aber Leo ist jung.

wet – dry

Muffin is wet but Felix
is dry.

nass – trocken

Muffin ist nass, aber
Felix ist trocken.

one hundred and thirty-nine

Describing people and things – Feelings

angry

Mum is angry.

verärgert

Mama ist verärgert.

to be scared of

Emma is scared of spiders.

Angst haben vor

Emma hat Angst vor Spinnen.

bored

I'm bored.

gelangweilt

Mir ist langweilig.

to cry

Ben's crying.

weinen

Ben weint.

hungry

Tim is hungry.

hungrig

Tim hat Hunger.

ill

How are you? I feel ill.

krank

Wie geht es dir?
Ich fühle mich krank.

Personen und Dinge beschreiben – Gefühle

to laugh  lachen

Lily is happy. She's laughing. Lily is glücklich. Sie lacht.

to love  lieben

Grandpa loves Grandma. Opa liebt Oma.

to smile lächeln

Why are you smiling? Warum lächelst du?
I'm happy. Ich bin glücklich.

tired  müde

Oh dear, Leo is tired. Oje, Leo ist müde.

Vokabelbox

Talking about feelings		Über Gefühle reden	
What's wrong?		Was ist los?	
What's the matter?		Was ist los?	
I'm …	sad.	Ich bin …	traurig.
	angry.		verärgert.
	tired.		müde.
I love you.		Ich liebe dich.	
I like you.		Ich mag dich.	
I don't like him / her.		Ich mag ihn / sie nicht.	
I'm sorry!		Es tut mir leid! / Entschuldigung!	

Describing people and things – Jobs

One day I want to be a/an …   Ich werde später mal …

police officer
Polizist, Polizistin

teacher
Lehrer, Lehrerin

firefighter
Feuerwehrmann, Feuerwehrfr

postman, postwoman
Postbote, Postbotin

cook
Koch, Köchin

footballer
Fußballer, Fußballerin

farmer
Bauer, Bäuerin

hairdresser
Friseur, Friseurin

dentist
Zahnarzt, Zahnärztin

Personen und Dinge beschreiben – Berufe

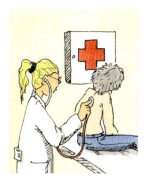
doctor
Arzt, Ärztin

popstar
Popstar

train driver
Lokführer, Lokführerin

manager
Manager, Managerin

builder
Bauarbeiter, Bauarbeiterin

dancer
Tänzer, Tänzerin

pilot
Pilot, Pilotin

artist
Künstler, Künstlerin

actor, actress
Schauspieler, Schauspielerin

Describing people and things – to be

I'm  ich bin
I'm Ben. Ich bin Ben.

you're   du bist
You're my friend. Du bist mein Freund.

he's   er ist
He's my brother. Er ist mein Bruder.

she's   sie ist
She's my sister. Sie ist meine Schwester.

it's   es ist, das ist
It's my bike. Das ist mein Fahrrad.

we're   wir sind
We're a family. Wir sind eine Familie.

you're   ihr seid
You're my children. Ihr seid meine Kinder.

they're  sie sind
They're my parents. Sie sind meine Eltern.

Personen und Dinge beschreiben – sein

Ben findet Mama mit finsterer Miene in der Küche und fragt sie, was los ist. Hör dir an, warum Mama verärgert ist.

Ben	Mum
What's wrong, Mum?	**I'm angry.**
Was ist los Mama?	*Ich bin verärgert.*
Why are you angry?	**Because my cup is broken.**
Warum bist du verärgert?	*Weil meine Tasse kaputt ist.*
Oh dear.	**How are you?**
Oje!	*Wie geht's dir?*
I'm great! I'm happy!	**Why are you happy?**
Super! Ich bin glücklich!	*Warum bist du glücklich?*
Because I'm going skateboarding with Tim.	**Be careful.**
Weil ich mit Tim skateboarden gehe.	*Pass auf!*
Okay!	**Have fun! Bye!**
Okay!	*Viel Spaß! Tschüss!*

Tim, Ben und Lily unterhalten sich während der Pause darüber, was sie eines Tages werden wollen.

Tim:	**Hi Lily!**	*Hi Lily!*
Lily:	**Hello Tim! Hi Ben!**	*Hallo Tim! Hi Ben!*
Ben:	**What do you want to be one day?**	*Was willst du später mal werden?*
Lily:	**One day I want to be a popstar.**	*Ich will später mal Popstar werden.*
Tim:	**My cousin's a popstar.**	*Mein Cousin ist Popstar.*
Lily:	**Cool! I love singing.**	*Cool! Ich finde Singen toll.*
Tim:	**Your dad's a teacher, isn't he, Ben?**	*Dein Papa ist Lehrer, stimmt's Ben?*
Ben:	**Yes, he is.**	*Ja.*
Lily:	**Do you want to be a teacher?**	*Willst du auch Lehrer werden?*
Ben:	**No, I don't. I want to be a footballer.**	*Nein. Ich will Fußballer werden.*
Tim:	**I want to be a firefighter.**	*Ich will Feuerwehrmann werden.*
Lily:	**Firefighters are really brave!**	*Feuerwehrmänner sind echt mutig!*

Where and how many?

one

two

three

four

five

six

Wo und wie viele?

Where and how many?

around

Pips is running around Tipsy.

um ... herum

Pips läuft um Tipsy herum.

behind

Felix is behind the books.

hinter

Felix sitzt hinter den Büchern.

between

Pips is between Felix and Muffin.

zwischen

Pips sitzt zwischen Felix und Muffin.

down

Muffin is sliding down the slide.

hinunter

Muffin rutscht die Rutsche hinunter.

in

Tipsy is in the glass.

in

Tipsy ist in dem Glas.

in front of

Muffin is in front of his bowl.

vor

Muffin sitzt vor seiner Schüssel.

Wo und wie viele?

next to

Felix is sitting next to Muffin.

neben

Felix sitzt neben Muffin.

on

Pips is sitting on Felix.

auf

Pips sitzt auf Felix.

on top of

Pips is sitting on top of Felix.

oben auf

Pips sitzt ganz oben auf Felix.

opposite

Pips is opposite Tipsy.

gegenüber

Pips sitzt Tipsy gegenüber.

under

Felix is under the carpet.

unter

Felix ist unter dem Teppich.

up

Felix is walking up the ladder.

hinauf

Felix läuft die Leiter hinauf.

Glossary

Englisch	Aussprache	Seite	Deutsch
a	eɪ		ein(e)
an	æn		ein(e)
actor	ˈæktəʳ	143	der Schauspieler
afternoon	ˌɑːftəˈnuːn	14	der Nachmittag
airport	ˈeəpɔːt	95	der Flughafen
Albania	ælˈbeɪniə	11	Albanien
ambulance	ˈæmbjələns	102, 105	der Rettungswagen
and	ænd		und
angel	ˈeɪndʒəl	129	der Engel
angry	ˈæŋgri	140	verärgert
animal	ˈænɪməl	114	das Tier
apple	ˈæpl	79	der Apfel
April	ˈeɪprəl	38	April
arm	ɑːm	58	der Arm
around	əˈraʊnd	148	um ... herum
art	ɑːt	24	die Kunst
at	æt		bei, in
August	ˈɔːgəst	38	August
aunt	ɑːnt	8	die Tante
Austria	ˈɒstriə	97	Österreich
autumn	ˈɔːtəm	39	der Herbst
baby	ˈbeɪbi	8	das Baby
back	bæk	58	der Rücken
bake	beɪk	91	backen
ball	bɔːl	129	der Ball
banana	bəˈnɑːnə	79	die Banane
basketball	ˈbɑːskɪtbɔːl	51	der Basketball
bath	bɑːθ	29	die Badewanne
bathroom	ˈbɑːθruːm	29	das Badezimmer
be	biː		sein
beach	biːtʃ	72	der Strand
beach ball	ˈbiːtʃbɔːl	72	der Strandball
bean	biːn	79	die Bohne
bear	beəʳ	115	der Bär
be called	biː ˈkɔːld	117	heißen
be careful	biː ˈkeəfʊl	145	aufpassen
bed	bed	29	das Bett
bedroom	ˈbedruːm	29	das Schlafzimmer
behind	bɪˈhaɪnd	148	hinter
bell	bel	21	die Glocke
berry	ˈberi	100	die Beere
be scared	biː ˈskeəd	140	Angst haben
between	bɪˈtwiːn	148	zwischen
big	bɪg	138	groß
bike	baɪk	105	das Fahrrad
bikini	bɪˈkiːni	72	der Bikini
bird	bɜːd	43	der Vogel
birthday	ˈbɜːθdeɪ	37	der Geburtstag
birthday cake	ˈbɜːθdeɪ keɪk	37	der Geburtstagskuchen
birthday card	ˈbɜːθdeɪ kɑːd	37	die Geburtstagskarte
biscuit	ˈbɪskɪt	85	der Keks
black	blæk	137	schwarz
blackboard	ˈblækbɔːd	21	die Tafel
bleed	bliːd	58	bluten

Glossar Englisch – Deutsch

Englisch	Aussprache	Seite	Deutsch
blow	bləʊ	43	wehen
blue	bluː	136	blau
boat	bəʊt	72	das Boot
body	ˈbɒdi	56	der Körper
Bonfire Night	ˈbɒnfaɪə naɪt	100	der 5. November
book	bʊk	21	das Buch
boots	buːts	65	die Stiefel
bored	bɔːd	140	gelangweilt
Bosnia	ˈbɒzniə	11	Bosnien
bottle	ˈbɒtl̩	72	die Flasche
bottom	ˈbɒtəm	58	der Po
bowl	bəʊl	85	die Schüssel
boy	bɔɪ	8	der Junge
bra	brɑː	65	der BH
brave	breɪv	145	mutig
bread	bred	85	das Brot
breakfast	ˈbrekfəst	91	das Frühstück
broken	ˈbrəʊkən	145	kaputt
brother	ˈbrʌðəʳ	9	der Bruder
brown	braʊn	137	braun
brush my teeth	brʌʃ maɪ ˈtiːθ	14	sich die Zähne putzen
bucket	ˈbʌkɪt	72	der Eimer
budgie	ˈbʌdʒi	115	der Wellensittich
build	bɪld	73	bauen
builder	ˈbɪldəʳ	143	der Bauarbeiter
bulldozer	ˈbʊldəʊzəʳ	105	der Bagger
bus	bʌs	105	der Bus
bus stop	ˈbʌs stɒp	105	die Bushaltestelle
but	bʌt	139	aber
butter	ˈbʌtəʳ	85	die Butter
cake	keɪk	85	der Kuchen
calendar	ˈkæləndəʳ	37	der Kalender
candle	ˈkændl̩	129	die Kerze
can you ?	kæn juː	44	kannst du?
cap	kæp	65	die Mütze
car	kɑːr	134	das Auto
cards	kɑːdz	134	die Karten
careful	ˈkeəfəl	123	vorsichtig
carpet	ˈkɑːpɪt	149	der Teppich
carrot	ˈkærət	79	die Möhre
castle	ˈkɑːsl̩	110	die Burg, das Schloss
cat	kæt	115	die Katze
caught	kɔːt	111	gefangen
chair	tʃeəʳ	29	der Stuhl
chalk	tʃɔːk	21	die Kreide
cheese	tʃiːz	85	der Käse
chick	tʃɪk	115	das Kücken
chicken	ˈtʃɪkɪn	86	das Huhn
child	tʃaɪld	9	das Kind
children	ˈtʃɪldrən	9	die Kinder
chimney	ˈtʃɪmni	29	der Schornstein
chips	tʃɪps	86	die Pommes frites
chocolate	ˈtʃɒklət	86	die Schokolade
Christmas	ˈkrɪsməs	123	Weihnachten

one hundred and fifty-one

Glossary

Englisch	Aussprache	Seite	Deutsch
Christmas card	ˈkrɪsməs kɑːd	129	die Weihnachtskarte
Christmas pudding	ˈkrɪsməs ˈpʊdɪŋ	129	der Christmas-Pudding
Christmas tree	ˈkrɪsməs triː	129	der Weihnachtsbaum
classroom	ˈklɑːsruːm	21	das Klassenzimmer
clock	klɒk	13	die Uhr
clothes	kləʊðz	62	die Kleidung
cloud	klaʊd	43	die Wolke
cloudy	ˈklaʊdi	47	bewölkt
coat	kəʊt	65	der Mantel
coffee	ˈkɒfi	86	der Kaffee
cold	kəʊld	123	kalt
computer	kəmˈpjuːtəʳ	22	der Computer
computer game	kəmˈpjuːtəʳ ɡeɪm	134	das Computerspiel
conker	ˈkɒŋkəʳ	98	die Kastanie
cook	kʊk	142	der Koch, die Köchin
cook	kʊk	91	kochen
cool	kuːl	69	kühl; geil
cornflakes	ˈkɔːnfleɪks	86	die Cornflakes
cost	kɒst	79	kosten
cousin	ˈkʌzᵊn	9	der Cousin, die Cousine
cow	kaʊ	115	die Kuh
crab	kræb	73	der Krebs
cracker	ˈkrækəʳ	130	das Knallbonbon

Englisch	Aussprache	Seite	Deutsch
craft and design	krɑːft ænd dɪˈzaɪn	24	das Werken
Croatia	krəʊˈeɪʃə	11	Kroatien
crocodile	ˈkrɒkədaɪl	115	das Krokodil
cry	kraɪ	140	weinen
cucumber	ˈkjuːkʌmbəʳ	79	die Gurke
cup	kʌp	86	die Tasse
cupboard	ˈkʌbəd	30	der Schrank
cycle	ˈsaɪkl	51	Rad fahren
dad	dæd	9	der Papa, der Papi
daffodil	ˈdæfədɪl	43	die Osterglocke
dance	dɑːns	51	tanzen
dancer	ˈdɑːnsəʳ	143	der Tänzer, die Tänzerin
date	deɪt	100	das Datum
day	deɪ	12	der Tag
December	dɪˈsembəʳ	38	Dezember
decorate	ˈdekəreɪt	130	schmücken
deer	dɪəʳ	98	das Reh
Denmark	ˈdenmɑːk	97	Dänemark
dentist	ˈdentɪst	142	der Zahnarzt, die Zahnärztin
desk	desk	22	der Schreibtisch
dinner	ˈdɪnəʳ	91	das Abendessen
doctor	ˈdɒktəʳ	143	der Arzt, die Ärztin

Glossar Englisch – Deutsch

Englisch	Aussprache	Seite	Deutsch
doesn't like	ˈdʌzənt laɪk	79	mag nicht
dog	dɒg	116	der Hund
do homework	duː ˈhəʊmwɜːk	16	Hausaufgaben machen
doll	dɒl	134	die Puppe
doll's house	dɒlz haʊs	135	das Puppenhaus
donkey	ˈdɒŋki	116	der Esel
door	dɔːr	30	die Tür
down	daʊn	148	hinunter
do you like?	duː juː laɪk	88	magst du?
dragon	ˈdrægən	110	der Drache
draw	drɔː	51	malen
dress	dres	65	das Kleid
drink	drɪŋk	91	trinken
drums	drʌmz	51	das Schlagzeug
dry	draɪ	139	trocken
duck	dʌk	116	die Ente
dwarf	dwɔːf	110	der Zwerg
dwarves	dwɔːvs	110	die Zwerge
ear	ɪər	58	das Ohr
Easter	ˈiːstər	37	Ostern
Easter bunny	ˈiːstər ˈbʌni	44	der Osterhase
Easter egg	ˈiːstər eg	44	das Osterei
eat	iːt	91	essen
ee-aw	iːɔː	116	ih-ah
egg	eg	87	das Ei
eight	eɪt	147	acht
eighteen	eɪˈtiːn	18	achtzehn
eighty	ˈeɪti	80	achtzig

Englisch	Aussprache	Seite	Deutsch
elephant	ˈelɪfənt	116	der Elefant
eleven	ɪˈlevən	147	elf
empty	ˈempti	138	leer
England	ˈɪŋglənd	11	England
English	ˈɪŋglɪʃ	24	Englisch
evening	ˈiːvnɪŋ	15	der Abend
ever	ˈevər	130	jemals
eye	aɪ	59	das Auge
face	feɪs	59	das Gesicht
fairy	ˈfeəri	110	die Fee
fairy tale	ˈfeəri teɪl	108	das Märchen
fall	fɔːl	45	fallen
family	ˈfæməli	9	die Familie
farmer	ˈfɑːmər	142	der Bauer, die Bäuerin
fast	fɑːst	138	schnell
fat	fæt	138	dick
Father Christmas	ˈfɑːðər ˈkrɪsməs	130	der Weihnachtsmann
favourite	ˈfeɪvərɪt	64	Lieblings-
February	ˈfebjuəri	38	Februar
feed	fiːd	91	füttern
feel	fiːl	140	fühlen
feet	fiːt	59	die Füße
fell	fel	58	gefallen
fence	fens	30	der Zaun
fifteen	fɪfˈtiːn	15	fünfzehn
fifty	ˈfɪfti	50	fünfzig
fine	faɪn	47	schön
finger	ˈfɪŋgər	59	der Finger
fire engine	ˈfaɪər endʒɪn	106	das Feuerwehrauto

Glossary

Englisch	Aussprache	Seite	Deutsch
firefighter	ˈfaɪəfaɪtə	142	der Feuerwehrmann, die Feuerwehrfrau
fireworks	ˈfaɪəwɜːks	123	das Feuerwerk
fish	fɪʃ	73	der Fisch
five	faɪv	146	fünf
flat	flæt	30	die Wohnung
flower	ˈflaʊə	44	die Blume
fly	flaɪ	101	fliegen
fog	fɒg	44	der Nebel
foggy	ˈfɒgi	47	neblig
food	fuːd	89	das Essen
foot	fʊt	59	der Fuß
football	ˈfʊtbɔːl	51	der Fußball
footballer	ˈfʊtbɔːlə	141	der Fußballer
for	fɔːr	122	für
fork	fɔːk	87	die Gabel
forty	ˈfɔːti	40	vierzig
four	fɔːr	146	vier
fourteen	fɔːˈtiːn	14	vierzehn
France	frɑːns	11	Frankreich
French	frentʃ	24	Französisch
Friday	ˈfraɪdeɪ	39	Freitag
friend	frend	9	der Freund, die Freundin
frog	frɒg	116	der Frosch
fruit	fruːt	87	das Obst
full	fʊl	138	voll
fun	fʌn	50	der Spaß
game	geɪm	135	das Spiel
garage	ˈgæraʒ	30	die Garage

Englisch	Aussprache	Seite	Deutsch
garden	ˈgɑːdən	31	der Garten
German	ˈdʒɜːmən	24	Deutsch
Germany	ˈdʒɜːməni	11	Deutschland
get	get	38	bekommen
get up	get ˈʌp	15	aufstehen
giant	ˈdʒaɪənt	110	der Riese
giraffe	dʒɪˈrɑːf	116	die Giraffe
girl	gɜːl	10	das Mädchen
give	gɪv	38	geben
glass	glɑːs	87	das Glas
glasses	ˈglɑːsɪz	65	die Brille
gloves	glʌvz	66	die Handschuhe
glue	gluː	22	der Klebstoff
goat	gəʊt	117	die Ziege
go camping	gəʊ ˈkæmpɪŋ	95	zelten gehen
go home	gəʊ ˈhəʊm	15	heimgehen
gold	gəʊld	137	golden
goldfish	ˈgəʊldfɪʃ	117	der Goldfisch
good	gʊd	25	gut
go on holiday	gəʊ ɒn ˈhɒlədeɪ	95	in Urlaub fahren
go shopping	gəʊ ˈʃɒpɪŋ	76	einkaufen gehen
go to bed	gəʊ tuː bed	15	ins Bett gehen
go to school	gəʊ tuː skuːl	15	zur Schule gehen

Glossar Englisch – Deutsch

Englisch	Aussprache	Seite	Deutsch
grandma	ˈgrændmaː	10	die Oma
grandpa	ˈgrændpaː	10	der Opa
grass	graːs	117	das Gras
great	greɪt	145	toll
Great Britain	greɪt ˈbrɪtən	97	Großbritannien
Greece	griːs	11	Griechenland
green	griːn	137	grün
grey	greɪ	137	grau
grunt	graːnt	118	grunzen
guinea pig	ˈgɪni pɪg	117	das Meerschweinchen
guitar	gɪtaːʳ	52	die Gitarre
hair	heəʳ	59	die Haare
hairdresser	ˈheədresəʳ	142	der Friseur, die Friseurin
half past	haːf paːst	15	halb
Halloween	hæləʊˈwiːn	37	Halloween
hamster	ˈhæmstəʳ	117	der Hamster
hand	hænd	59	die Hand
happy	ˈhæpi	138	glücklich
Happy birthday!	hæpi ˈbɜːθdeɪ	38	Alles Gute zum Geburtstag!
Happy Christmas!	hæpi ˈkrɪsməs	123	Frohe Weihnachten!
has got	hæz gɒt	59	hat
hat	hæt	66	der Hut
have	hæv	20	haben
have breakfast	hæv ˈbrekfəst	16	frühstücken
have lunch	hæv lʌntʃ	16	zu Mittag essen
have tea	hæv tiː	16	zu Abend essen
have you?	hæv juː	8	hast du?
have you got?	hæv juː gɒt	20	hast du?
he	hiː	144	er
head	hed	60	der Kopf
heavy	ˈhevi	138	schwer
hello	heˈləʊ		hallo
hen	hen	117	das Huhn
her	hɜːr	14	ihr, sie
here	hɪəʳ	22	hier
he's	hiːz	144	er ist
hippo	ˈhɪpəʊ	117	das Nilpferd
his	hɪz	8	sein
hobby	ˈhɒbi	48	das Hobby
Hogmanay	ˈhɒgməneɪ	124	schottisches Silvester
holiday	ˈhɒlədeɪ	92	der Urlaub
Holland	ˈhɒlənd	97	Holland
holly	ˈhɒli	123	die Stechpalme
homework	ˈhəʊmwɜːk	22	die Hausaufgaben
honey	ˈhʌni	87	der Honig
horse	hɔːs	119	das Pferd
hospital	ˈhɒspɪtəl	106	das Krankenhaus
hot	hɒt	139	heiß
hotel	həʊˈtel	95	das Hotel
house	haʊs	31	das Haus

Glossary

Englisch	Aussprache	Seite	Deutsch
how are you?	haʊ ɑːr juː	140	wie geht es dir?
how many?	haʊ meni	146	wie viele?
one hundred	ˈhʌndrəd	100	hundert
hungry	ˈhʌŋgri	140	hungrig
hurt	hɜːt	58	weh tun
husband	ˈhʌzbənd	10	der Ehemann
I	aɪ	144	ich
I can	aɪ kæn	53	ich kann
I can't	aɪ kɑːnt	55	ich kann nicht
I haven't	aɪ hævᵊnt	135	ich habe nicht
ice	aɪs	123	das Eis
ice cream	aɪs ˈkriːm	88	das Eis
ice-skate	ˈaɪs skeɪt	52	Schlittschuh laufen
ice skates	ˈaɪs skeɪts	123	die Schlittschuhe
icicle	ˈaɪsɪkl	124	der Eiszapfen
idea	aɪˈdɪə	50	die Idee
I'd like	aɪd laɪk	78	ich möchte gerne
ill	ɪl	60	krank
I'm	aɪm	8	ich bin
in	ɪn	148	in
in front of	ɪn frʌnt ɒv	148	vor
inline skates	ˈɪnlaɪn skeɪts	131	die Inliner
invite	ɪnˈvaɪt	38	einladen

Englisch	Aussprache	Seite	Deutsch
Ireland	ˈaɪələnd	97	Irland
Italy	ˈɪtᵊli	11	Italien
it's	ɪts	15	es ist, das ist
I've got	aɪv gɒt	11	ich habe
jacket	ˈdʒækɪt	66	die Jacke
jam	dʒæm	88	die Marmelade
Jamaica	dʒəˈmeɪkə	8	Jamaika
January	ˈdʒænjuᵊri	38	Januar
jeans	dʒiːnz	66	die Jeans
juice	dʒuːs	88	der Saft
July	dʒʊˈlaɪ	38	Juli
jump	dʒʌmp	52	springen
June	dʒuːn	38	Juni
ketchup	ˈketʃʌp	86	das Ketchup
king	kɪŋ	110	der König
kiss	kɪs	124	küssen
kitchen	ˈkɪtʃɪn	31	die Küche
kite	kaɪt	101	der Drachen
knee	niː	60	das Knie
knife	naɪf	88	das Messer
ladder	ˈlædəʳ	149	die Leiter
lamb	læm	44	das Lamm
lamp	læmp	31	die Lampe
laugh	lɑːf	141	lachen
leaf	liːf	101	das Blatt
leaves	liːvz	101	die Blätter
left	left	139	links
leg	leg	60	das Bein
let's	lets	42	lass(t) uns
letter	ˈletəʳ	72	der Brief

Glossar Englisch – Deutsch

Englisch	Aussprache	Seite	Deutsch
lettuce	ˈletɪs	80	der Kopfsalat
light	laɪt	138	leicht
lighthouse	ˈlaɪthaʊs	73	der Leuchtturm
lightning	ˈlaɪtnɪŋ	45	der Blitz
like	laɪk	139	mögen
lion	ˈlaɪən	119	der Löwe
listen!	ˈlɪsən	106	hör mal!
little	ˈlɪtl̩	138	klein
live	lɪv	33	leben, wohnen
living room	ˈlɪvɪŋ ruːm	31	das Wohnzimmer
long	lɒŋ	139	lang
look	lʊk	94	schauen
look at	lʊk æt	43	anschauen
look for	lʊk fɔːr	94	suchen
lorry	ˈlɒri	106	der Lastwagen
lots of	lɒts ɒv	91	viele
loud	laʊd	106	laut
love	lʌv	124	lieben
lovely	ˈlʌvli	72	schön
lunch	lʌntʃ	91	das Mittagessen
make	meɪk	89	machen
manager	ˈmænɪdʒər	143	der Manager, die Managerin
marbles	ˈmaːblz	135	die Murmeln
March	maːtʃ	38	März
maths	mæθs	24	Mathe
May	meɪ	38	Mai

Englisch	Aussprache	Seite	Deutsch
me	miː	6	mich, mir
meal	miːl	91	das Essen
melon	ˈmelən	80	die Melone
Merry Christmas!	ˈmeri ˈkrɪsməs	126	Frohe Weihnachten!
milk	mɪlk	88	die Milch
mistletoe	ˈmɪsl̩təʊ	130	der Mistelzweig
Monday	ˈmʌndeɪ	39	Montag
money	ˈmʌni	80	das Geld
monkey	ˈmʌŋki	18	der Affe
month	mʌnθ	38	der Monat
moo	muː	115	muh
morning	ˈmɔːnɪŋ	16	der Morgen
Morocco	məˈrɒkəʊ	11	Marokko
motorbike	ˈməʊtəbaɪk	106	das Motorrad
mountains	ˈmaʊntɪnz	96	das Gebirge, die Berge
mouse	maʊs	118	die Maus
mouth	maʊθ	60	der Mund
MP3 player	empiːˈθriː pleɪər	135	der MP3-Player
muesli	ˈmjuːzli	88	das Müsli
mum	mʌm	10	die Mama, die Mami
museum	mjuːˈziːəm	96	das Museum
music	ˈmjuːzɪk	24	die Musik
my	maɪ	144	mein
name	neɪm	10	der Name
neck	nek	61	der Hals
nest	nest	45	das Nest

one hundred and fifty-seven

Glossary

Englisch	Aussprache	Seite	Deutsch
new	njuː	139	neu
New Year's Eve	njuː jɪəˈriːv	37	Silvester
next to	nekst tuː	149	neben
night	naɪt	17	die Nacht
nine	naɪn	147	neun
nineteen	naɪnˈtiːn	19	neunzehn
ninety	ˈnaɪnti	90	neunzig
no	nəʊ	20	nein
nose	nəʊz	61	die Nase
November	nəʊˈvembəʳ	38	November
nut	nʌt	101	die Nuss
o'clock: 5 o'clock	əˈklɒk	17	Uhr: fünf Uhr
October	ɒkˈtəʊbəʳ	38	Oktober
of course	ɒv ˈkɔːs	58	natürlich
oh dear	əʊ dɪəʳ	141	oje
old	əʊld	139	alt
on	ɒn	149	auf
one	wʌn	146	eins
onion	ˈʌnjən	80	die Zwiebel
on top of	ɒn tɒp ɒv	149	auf
open	ˈəʊpən	30	offen
open	ˈəʊpən	60	öffnen
opposite	ˈɒpəzɪt	149	gegenüber
orange	ˈɒrɪndʒ	80	die Orange
orange juice	ˈɒrɪndʒ dʒuːs	88	der Orangensaft
ouch!	aʊtʃ	58	aua!
our	aʊəʳ	29	unser

Englisch	Aussprache	Seite	Deutsch
out	aʊt		draußen
out	aʊt	69	uncool
oven	ˈʌvən	32	der Ofen
pack	pæk	96	packen
paint	peɪnt	52	malen
pancake	ˈpænkeɪk	89	der Pfannkuchen
pants	pænts	66	die Unterhose
paper	ˈpeɪpəʳ	22	das Papier
park	pɑːk	106	der Park
party	ˈpɑːti	38	die Party
PE	piːˈiː	24	der Sportunterricht
peach	piːtʃ	80	der Pfirsich
pen	pen	22	der Stift
pencil	ˈpensəl	23	der Bleistift, der Buntstift
pencil case	ˈpensəl keɪs	23	das Mäppchen
pencil sharpener	ˈpensəl ʃɑːpənəʳ	23	der Spitzer
penguin	ˈpeŋgwɪn	118	der Pinguin
people	ˈpiːpl	136	die Leute
pet	pet	11	das Haustier
piano	piˈænəʊ	52	das Klavier
picture	ˈpɪktʃəʳ	32	das Bild
pig	pɪg	118	das Schwein
pilot	ˈpaɪlət	143	der Pilot, die Pilotin
pink	pɪŋk	136	rosa

Glossar Englisch – Deutsch

Englisch	Aussprache	Seite	Deutsch
pizza	ˈpiːtsə	89	die Pizza
plane	pleɪn	96	das Flugzeug
plaster	ˈplaːstəʳ	61	das Pflaster
plate	pleɪt	89	der Teller
play	pleɪ	17	spielen
playground	ˈpleɪgraʊnd	23	der Schulhof; der Spielplatz
please	pliːz	21	bitte
plum	plʌm	81	die Pflaume
Poland	ˈpəʊlənd	11	Polen
police officer	pəˈliːs ɒfɪsəʳ	142	der Polizist, die Polizistin
popstar	ˈpɒpstaːʳ	143	der Popstar
Portugal	ˈpɔːtʃəgəl	11	Portugal
postman	ˈpəʊstmən	142	der Postbote
postwoman	ˈpəʊstwʊmən	142	die Postbotin
potato	pəˈteɪtəʊ	81	die Kartoffel
present	ˈprezənt	130	das Geschenk
pretty	ˈprɪti	65	hübsch
prince	prɪns	111	der Prinz
princess	prɪnˈses	111	die Prinzessin
puddle	ˈpʌdl	45	die Pfütze
pumpkin	ˈpʌmpkɪn	101	der Kürbis
pupil	ˈpjuːpəl	23	der Schüler, die Schülerin
purple	ˈpɜːpl	136	lila
put	pʊt		stellen, legen
put on	pʊt ɒn	65	anziehen
pyjamas	pɪˈdʒaːməz	66	der Schlafanzug
quarter past	kwɔːtə paːst	17	Viertel nach
quarter to	kwɔːtə tuː	17	Viertel vor
queen	kwiːn	111	die Königin
rabbit	ˈræbɪt	119	das Kaninchen
rain	reɪn	45	der Regen
rain	reɪn	45	regnen
rainbow	ˈreɪnbəʊ	45	der Regenbogen
rainy	ˈreɪni	47	regnerisch
read	riːd	53	lesen
really	ˈrɪəli	128	echt
recorder	rɪˈkɔːdəʳ	53	die Blockflöte
red	red	136	rot
reindeer	ˈreɪndɪəʳ	130	das Rentier
religious education	rɪlɪdʒəs edʒʊkeɪʃən	24	der Religionsunterricht
ride	raɪd	53	reiten
ride a bike	raɪd ə ˈbaɪk	105	Rad fahren
right	raɪt	139	rechts
ring	rɪŋ	21	klingeln, läuten
road	rəʊd	107	die Straße
rollerblade	ˈrəʊləbleɪd	42	Inliner fahren

one hundred and fifty-nine

Glossary

Englisch	Aussprache	Seite	Deutsch
roof	ruːf	32	das Dach
rubber	ˈrʌbəʳ	23	der Radiergummi
ruler	ˈruːləʳ	24	das Lineal
run	rʌn	53	rennen
Russia	ˈrʌʃə	11	Russland
sad	sæd	138	traurig
salad	ˈsæləd	89	der Salat
sand	sænd	73	der Sand
sandals	ˈsændl̩z	67	die Sandalen
sandcastle	ˈsændkaːsl̩	73	die Sandburg
sandwich	ˈsænwɪdʒ	90	das Sandwich
Saturday	ˈsætədeɪ	39	Samstag
sausage	ˈsɒsɪdʒ	90	das Würstchen
say	seɪ	60	sagen
scarf	skaːf	67	der Schal
school	skuːl	24	die Schule
school bag	ˈskuːl bæg	24	die Schultasche, der Ranzen
scissors	ˈsɪzəz	24	die Schere
sea	siː	74	das Meer
seagull	ˈsiːgʌl	74	die Möwe
seaside	ˈsiːsaɪd	96	das Meer
see	siː	44	sehen
seen	siːn	130	gesehen
September	sepˈtembəʳ	38	September
Serbia	ˈsɜːbiə	11	Serbien
seven	ˈsevən	147	sieben
seventeen	sevənˈtiːn	17	siebzehn
seventy	ˈsevənti	70	siebzig
sewing	ˈsəʊɪŋ	24	Textiles Gestalten
shark	ʃaːk	74	der Hai
she	ʃiː	144	sie
sheep	ʃiːp	119	das Schaf
shelf	ʃelf	32	das Regal
shell	ʃel	74	die Muschel
she's	ʃiːz	144	sie ist
shine	ʃaɪn	46	scheinen
shirt	ʃɜːt	67	das Hemd
shoes	ʃuːz	67	die Schuhe
shopping bag	ˈʃɒpɪŋ bæg	81	die Einkaufstasche
shopping list	ˈʃɒpɪŋ lɪst	81	die Einkaufsliste
short	ʃɔːt	139	kurz
shorts	ʃɔːts	67	die kurze Hose
show	ʃəʊ	58	zeigen
shut	ʃʌt	33	zumachen
silver	ˈsɪlvəʳ	137	silberfarben
sing	sɪŋ	53	singen
sink	sɪŋk	32	das Waschbecken
sister	ˈsɪstəʳ	11	die Schwester
sit	sɪt	148	sitzen
six	sɪks	146	sechs
sixteen	sɪkˈstiːn	16	sechzehn
sixty	ˈsɪksti	60	sechzig
skate	ˈskeɪt	54	Inliner fahren

Glossar Englisch – Deutsch

Englisch	Aussprache	Seite	Deutsch
skateboard	ˈskeɪtbɔːd	54	Skateboard fahren
ski	skiː	124	der Ski
ski	skiː	54	Ski fahren
skip	skɪp	54	seilspringen
skirt	skɜːt	67	der Rock
sky	skaɪ	46	der Himmel
sledge	sledʒ	125	der Schlitten
sleep	sliːp	54	schlafen
slide down	slaɪd daʊn	148	hinunterrutschen
slow	sləʊ	138	langsam
smell	smel	86	riechen
smile	smaɪl	141	lächeln
snow	snəʊ	125	der Schnee
snowball	ˈsnəʊbɔːl	125	der Schneeball
snowboard	ˈsnəʊbɔːd	125	das Snowboard
snowflake	ˈsnəʊfleɪk	125	die Schneeflocke
snowman	ˈsnəʊmæn	125	der Schneemann
sock	sɒk	68	die Socke
sofa	ˈsəʊfə	32	das Sofa
soft	sɒft	85	weich
some	sʌm	101	etwas, manche
something	ˈsʌmθɪŋ	84	etwas
soup	suːp	90	die Suppe
spade	speɪd	74	hier: die Schaufel
spaghetti	spəˈgeti	90	die Spaghetti
Spain	speɪn	11	Spanien
spoon	spuːn	90	der Löffel
sport	spɔːt	48	die Sportart, der Sport
spring	sprɪŋ	40	der Frühling
squirrel	ˈskwɪrəl	101	das Eichhörnchen
stairs	steəz	33	die Treppe
star	stɑːr	131	der Stern
station	ˈsteɪʃən	107	der Bahnhof
stay	steɪ	95	bleiben, wohnen
stocking	ˈstɒkɪŋ	131	der Strumpf
storm	stɔːm	46	der Sturm
stormy	ˈstɔːmi	47	stürmisch
strawberries	ˈstrɔːbəriz	81	die Erdbeeren
suitcase	ˈsuːtkeɪs	96	der Koffer
summer	ˈsʌmər	39	der Sommer
sun	sʌn	46	die Sonne
sun cream	ˈsʌn kriːm	75	die Sonnencreme
Sunday	ˈsʌndeɪ	39	Sonntag
sunglasses	ˈsʌnglɑːsɪz	75	die Sonnenbrille
sun hat	ˈsʌn hæt	75	der Sonnenhut
sunny	ˈsʌni	47	sonnig
supermarket	ˈsuːpəˌmɑːkɪt	107	der Supermarkt
sweater	ˈswetər	68	der Pulli

Glossary

Englisch	Aussprache	Seite	Deutsch
sweatshirt	ˈswetʃɜːt	68	das Sweatshirt
swim	swɪm	54	schwimmen
swimsuit	ˈswɪmsuːt	68	der Badeanzug
Switzerland	ˈswɪtsələnd	97	die Schweiz
table	ˈteɪbl	33	der Tisch
table tennis	ˈteɪbl tenɪs	55	das Tischtennis
tail	teɪl	119	der Schwanz
take off	teɪk ɒf	67	ausziehen
taxi	ˈtæksi	97	das Taxi
tea	tiː	90	der Tee
tea	tiː	84	das Abendessen
teacher	ˈtiːtʃəʳ	24	der Lehrer, die Lehrerin
teddy bear	ˈtedi beəʳ	135	der Teddybär
teeth	tiːθ	61	die Zähne
television	ˈtelɪvɪʒn	33	der Fernseher
ten	ten	147	zehn
tennis	ˈtenɪs	55	das Tennis
tent	tent	97	das Zelt
that	ðæt	43	der, die, das
that's	ðæts	39	das ist
the	ðə		der, die, das
there are	ðeəʳ ɑːʳ	95	es gibt, da sind
there's	ðeəz	97	es gibt, da ist
these are	ðiːz ɑːʳ	43	das sind
they're	ðeəʳ	144	sie sind
thin	θɪn	138	dünn
thirsty	ˈθɜːsti	91	durstig
thirteen	θɜːˈtiːn	13	dreizehn
thirty	ˈθɜːti	30	dreißig
this	ðɪs	9	diese(r, s)
this is	ˈðɪs ɪz	139	das ist
three	θriː	146	drei
thunder	ˈθʌndəʳ	46	der Donner
Thursday	ˈθɜːzdeɪ	39	Donnerstag
ticket	ˈtɪkɪt	97	die Fahrkarte, die Eintrittskarte
tiger	ˈtaɪgəʳ	119	der Tiger
time	taɪm	17	die Zeit
tired	ˈtaɪəd	141	müde
to	tuː		nach, zu, an
toast	təʊst	91	der Toast
today	təˈdeɪ	39	heute
toe	təʊ	61	der Zeh
toilet	ˈtɔɪlət	33	die Toilette
tomato	təˈmɑːtəʊ	81	die Tomate
tomorrow	təˈmɒrəʊ	39	morgen
tooth	tuːθ	61	der Zahn
tortoise	ˈtɔːtəs	119	die Schildkröte
towel	ˈtaʊəl	75	das Handtuch
town	taʊn	102	die Stadt

Glossar Englisch – Deutsch

Englisch	Aussprache	Seite	Deutsch
toy	tɔɪ	132	das Spielzeug
traffic lights	ˈtræfɪk laɪts	107	die Ampel
train	treɪn	135	der Zug
train driver	ˈtreɪn draɪvəʳ	143	der Lokführer, die Lokführerin
trainers	ˈtreɪnəz	68	die Turnschuhe
tree	triː	101	der Baum
trousers	ˈtraʊzəz	68	die Hose
trumpet	ˈtrʌmpɪt	55	die Trompete
trunks	trʌŋks	69	die Badehose
T-shirt	ˈtiːʃɜːt	69	das T-Shirt
Tuesday	ˈtjuːzdeɪ	39	Dienstag
tummy	ˈtʌmi	61	der Bauch
Tunisia	tjuːˈnɪziə	11	Tunesien
turkey	ˈtɜːki	131	der Truthahn
Turkey	ˈtɜːki	11	die Türkei
twelve	twelv	147	zwölf
twenty	ˈtwenti	20	zwanzig
two	tuː	147	zwei
umbrella	ʌmˈbrelə	47	der Regenschirm
uncle	ˈʌŋkl	11	der Onkel
under	ˈʌndəʳ	149	unter
up	ʌp	149	hinauf
USA	juːesˈeɪ	97	die USA

Englisch	Aussprache	Seite	Deutsch
Valentine's card	ˈvæləntaɪnz kɑːd	122	die Valentinskarte
Valentine's Day	ˈvæləntaɪnz deɪ	122	der Valentinstag
vegetables	ˈvedʒtəblz	91	das Gemüse
very	ˈveri	96	sehr
vest	vest	69	das Unterhemd
violin	vaɪəˈlɪn	55	die Geige
visit	ˈvɪzɪt	96	besuchen
wait	weɪt	107	warten
walk	wɔːk	55	laufen, gehen
walk up	wɔːk ʌp	33	hinaufgehen
want	wɒnt	90	wollen, möchten
watch out!	wɒtʃ aʊt	74	pass auf!
watch television	wɒtʃ telɪvɪʒən	14	fernsehen
water	ˈwɔːtəʳ	91	das Wasser
wear	weəʳ	65	tragen
weather	ˈweðəʳ	47	das Wetter
Wednesday	ˈwenzdeɪ	39	Mittwoch
week	wiːk	39	die Woche
wellies	ˈweliz	47	die Gummistiefel
we're	wiːəʳ	144	wir sind
wet	wet	139	nass
we've got	wiːv gɒt	58	wir haben
what	wɒt	14	was
what's?	wɒts	23	was ist?

one hundred and sixty-three

Glossary

Englisch	Aussprache	Seite	Deutsch
what's the matter?	wɒts ðə mætəʳ	141	was ist los?
what's the time?	wɒts ðə taɪm	17	wie viel Uhr ist es?
what's this?	wɒts ðɪs	23	was ist das?
when	wen	14	wann
where	weəʳ	146	wo
where's?	weəz	20	wo ist?
white	waɪt	21	weiß
who	huː	8	wer
who's this?	huːz ðɪs	8	wer ist das?
why	waɪ	141	warum
wife	waɪf	11	die Ehefrau
wind	wɪnd	47	der Wind
window	ˈwɪndəʊ	33	das Fenster
windy	ˈwɪndi	47	windig
winter	ˈwɪntəʳ	39	der Winter
witch	wɪtʃ	111	die Hexe
with	wɪθ	14	mit
wolf	wʊlf	111	der Wolf
would you like ?	wʊd juː laɪk	80	möchtest du / möchtet ihr?
wow!	waʊ	96	boah!
write	raɪt	55	schreiben
yellow	ˈjeləʊ	136	gelb
yes	jes	8	ja
yesterday	ˈjestədeɪ	39	gestern
yoghurt	ˈjɒgət	91	der Joghurt
you	juː	144	du, ihr, Sie
young	jʌŋ	139	jung
your	jɔːr	8	dein, euer, Ihr
you're	jɔːr	144	du bist / ihr seid / Sie sind
you're welcome	jɔːr ˈwelkəm	20	bitte, gern geschehen
yummy	ˈjʌmi	80, 91	lecker
zebra	ˈzebrə	119	das Zebra

one hundred and sixty-four

Glossar Deutsch – Englisch

Deutsch	Englisch
Abend	evening
Abendessen	dinner, tea
aber	but
acht	eight
achtzehn	eighteen
achtzig	eighty
Affe	monkey
Albanien	Albania
alt	old
Ampel	traffic lights
Angst haben	be scared
anschauen	look at
anziehen	put on
Apfel	apple
April	April
Arm	arm
Arzt, Ärztin	doctor
aua!	ouch!
auf	on, on top of
aufpassen	be careful
aufstehen	get up
Auge	eye
August	August
ausziehen	take off
Auto	car
Baby	baby
backen	bake
Bäckerei	bakery
Badeanzug	swimsuit
Badehose	trunks
Badewanne	bath
Badezimmer	bathroom

Deutsch	Englisch
Bagger	bulldozer
Bahnhof	station
Ball	ball
Banane	banana
Bär	bear
Basketball	basketball
Bauarbeiter	builder
Bauch	tummy
bauen	build
Bauer, Bäuerin	farmer
Baum	tree
Beere	berry
bei	at
Bein	leg
bekommen	get
Berge	mountains
besuchen	visit
Bett	bed
bewölkt	cloudy
BH	bra
Bikini	bikini
Bild	picture
bitte	please; you're welcome
Blatt	leaf
Blätter	leaves
blau	blue
bleiben	stay
Bleistift	pencil
Blitz	lightning
Blockflöte	recorder
Blume	flower

one hundred and sixty-five

Glossary

Deutsch	Englisch	Deutsch	Englisch
bluten	bleed	Dienstag	Tuesday
boah!	wow!	diese(r, s)	this
Bohne	bean	Donner	thunder
Boot	boat	Donnerstag	Thursday
Bosnien	Bosnia	Drache	dragon
braun	brown	Drachen	kite
Brief	letter	drei	three
Brille	glasses	dreißig	thirty
Brot	bread	dreizehn	thirteen
Bruder	brother	du	you
Buch	book	dünn	thin
Buntstift	pencil	durstig	thirsty
Burg	castle	echt	really
Bus	bus	Ehefrau	wife
Bushaltestelle	bus stop	Ehemann	husband
Butter	butter	Ei	egg
Computer	computer	Eichhörnchen	squirrel
Computerspiel	computer game	Eimer	bucket
Cornflakes	cornflakes	ein(e)	a, an
Cousin, Cousine	cousin	einkaufen	go shopping
Dach	roof	Einkaufsliste	shopping list
Dänemark	Denmark	Einkaufstasche	shopping bag
das	the, that	einladen	invite
Datum	date	eins	one
dein	your	Eis	ice; ice cream
der	the, that	Eiszapfen	icicle
Deutsch	German	Elefant	elephant
Deutschland	Germany	elf	eleven
Dezember	December	Engel	angel
dick	fat	England	England
die	the, that	Englisch	English
		Ente	duck

Glossar Deutsch – Englisch

Deutsch	Englisch
er	he
Erdbeeren	strawberries
es	it
Esel	donkey
essen	eat
Essen	food; meal
etwas	some, something
euer	your
Fahrkarte	ticket
Fahrrad	bike
fallen	fall
Familie	family
Februar	February
Fee	fairy
Fenster	window
fernsehen	watch television
Fernseher	television
Feuerwehrauto	fire engine
Feuerwehrmann, Feuerwehrfrau	firefighter
Feuerwerk	fireworks
Finger	finger
Fisch	fish
Flasche	bottle
fliegen	fly
Flughafen	airport
Flugzeug	plane
Frankreich	France
Französisch	French
Freitag	Friday
Freund(in)	friend
Friseur(in)	hairdresser
Frosch	frog
Frühling	spring
Frühstück	breakfast
frühstücken	have breakfast
fühlen	feel
fünf	five
fünfzehn	fifteen
fünfzig	fifty
für	for
Fuß, Füße	foot, feet
Fußball	football
Fußballer	footballer
füttern	feed
Gabel	fork
Garage	garage
Garten	garden
geben	give
Gebirge	mountains
Geburtstag	birthday
Geburtstagskarte	birthday card
Geburtstagskuchen	birthday cake
gegenüber	opposite
gehen	go; walk
Geige	violin
geil	cool
gelangweilt	bored
gelb	yellow
Geld	money
Gemüse	vegetables

one hundred and sixty-seven

Glossary

Deutsch	Englisch
gern geschehen	you're welcome
Geschenk	present
Gesicht	face
gestern	yesterday
Giraffe	giraffe
Gitarre	guitar
Glas	glass
Glocke	bell
glücklich	happy
golden	gold
Goldfisch	goldfish
Gras	grass
grau	grey
Griechenland	Greece
groß	big
Großbritannien	Great Britain
grün	green
grunzen	grunt
Gummistiefel	wellies
Gurke	cucumber
gut	good
Haare	hair
haben	have
Hai	shark
halb	half past
hallo	hello
Halloween	Halloween
Hals	neck
Hamster	hamster
Hand	hand
Handschuhe	gloves

Deutsch	Englisch
Handtuch	towel
Haus	house
Hausaufgaben	homework
Haustier	pet
heimgehen	go home
heiß	hot
heißen	be called
Hemd	shirt
Herbst	autumn
heute	today
Hexe	witch
hier	here
Himmel	sky
hinauf	up
hinaufgehen	walk up
hinaus	out
hinter	behind
hinunter	down
hinunterrutschen	slide down
Hobby	hobby
Holland	Holland
Honig	honey
hör mal!	listen!
Hose	trousers
Hotel	hotel
hübsch	pretty
Huhn	chicken, hen
Hund	dog
hundert	one hundred
hungrig	hungry
Hut	hat

Glossar Deutsch – Englisch

Deutsch	Englisch
ich	I
Idee	idea
ihr	her; you
Ihr	your
in	in, at
Inliner	inline skates
Inliner fahren	skate
Irland	Ireland
Italien	Italy
ja	yes
Jacke	jacket
Januar	January
Jeans	jeans
jemals	ever
Joghurt	yoghurt
Juli	July
jung	young
Junge	boy
Juni	June
Kaffee	coffee
Kalender	calendar
kalt	cold
Kaninchen	rabbit
kaputt	broken
Karten	cards
Kartoffel	potato
Käse	cheese
Kastanie	conker
Katze	cat
Keks	biscuit
Kerze	candle
Ketchup	ketchup
Kind, Kinder	child, children
Klassenzimmer	classroom
Klavier	piano
Klebstoff	glue
Kleid	dress
Kleidung	clothes
klein	little
klingeln	ring
Knallbonbon	cracker
Knie	knee
Koch, Köchin	cook
kochen	cook
Koffer	suitcase
König	king
Königin	queen
Kopf	head
Kopfsalat	lettuce
Körper	body
kosten	cost
krank	ill
Krankenhaus	hospital
Krebs	crab
Kreide	chalk
Kroatien	Croatia
Krokodil	crocodile
Küche	kitchen
Kuchen	cake
Kücken	chick
Kuh	cow
Kunst	art
Kürbis	pumpkin
kurz	short

Glossary

Deutsch	Englisch
kurze Hose	shorts
küssen	kiss
lächeln	smile
lachen	laugh
Lamm	lamb
Lampe	lamp
lang	long
langsam	slow
Lastwagen	lorry
laufen	walk
laut	loud
leben	live
lecker	yummy
leer	empty
Lehrer(in)	teacher
leicht	light
Leiter	ladder
lesen	read
Leuchtturm	lighthouse
Leute	people
lieben	love
Lieblings-	favourite
lila	purple
Lineal	ruler
links	left
Löffel	spoon
Lokführer(in)	train driver
Löwe	lion
machen	make
Mädchen	girl
Mai	May
malen	draw, paint

Deutsch	Englisch
Mama, Mami	mum
Manager(in)	manager
manche	some
Mantel	coat
Mäppchen	pencil case
Märchen	fairy tale
Marmelade	jam
Marokko	Morocco
März	March
Mathe	maths
Maus	mouse
Meer	sea, seaside
Meerschweinchen	guinea pig
mein	my
Melone	melon
Messer	knife
mich	me
Milch	milk
mir	me
Mistelzweig	mistletoe
mit	with
Mittagessen	lunch
Mittwoch	Wednesday
möchten	want
mögen	like
Möhre	carrot
Monat	month
Montag	Monday
morgen	tomorrow
Morgen	morning
Motorrad	motorbike

Glossar Deutsch – Englisch

Deutsch	Englisch
Möwe	seagull
MP3-Player	MP3 player
müde	tired
Mund	mouth
Murmeln	marbles
Muschel	shell
Museum	museum
Musik	music
Müsli	muesli
mutig	brave
Mütze	cap
nach	to
Nachmittag	afternoon
Nacht	night
Name	name
Nase	nose
nass	wet
natürlich	of course
Nebel	fog
neben	next to
neblig	foggy
nein	no
Nest	nest
neu	new
neun	nine
neunzehn	nineteen
neunzig	ninety
Nilpferd	hippo
November	November
Nuss	nut
Obst	fruit
Ofen	oven
offen	open
öffnen	open
Ohr	ear
Oktober	October
Oma	grandma
Onkel	uncle
Opa	grandpa
Orange	orange
Orangensaft	orange juice
Osterei	Easter egg
Osterglocke	daffodil
Osterhase	Easter bunny
Ostern	Easter
Österreich	Austria
packen	pack
Papa, Papi	dad
Papier	paper
Park	park
Party	party
Pfannkuchen	pancake
Pferd	horse
Pfirsich	peach
Pflaster	plaster
Pflaume	plum
Pfütze	puddle
Pilot(in)	pilot
Pinguin	penguin
Pizza	pizza
Po	bottom
Polen	Poland
Polizist	police officer
Pommes frites	chips

Glossary

Deutsch	Englisch	Deutsch	Englisch
Popstar	popstar	Russland	Russia
Portugal	Portugal	Saft	juice
Postbote	postman	sagen	say
Postbotin	postwoman	Salat	salad
Prinz	prince	Samstag	Saturday
Prinzessin	princess	Sand	sand
Pulli	sweater	Sandalen	sandals
Puppe	doll	Sandburg	sandcastle
Puppenhaus	doll's house	Sandwich	sandwich
Rad fahren	ride a bike, cycle	Schaf	sheep
Radiergummi	rubber	Schal	scarf
Ranzen	school bag	schauen	look
rechts	right	Schaufel	spade
Regal	shelf	Schauspieler	actor
Regen	rain	scheinen	shine
Regenbogen	rainbow	Schere	scissors
Regenschirm	umbrella	schicken	send
regnen	rain	Schildkröte	tortoise
regnerisch	rainy	Schlafanzug	pyjamas
Reh	deer	schlafen	sleep
reiten	ride	Schlafzimmer	bedroom
Religionsunterricht	religious education	Schlagzeug	drums
		Schlitten	sledge
rennen	run	Schlittschuh laufen	ice-skate
Rentier	reindeer	Schlittschuhe	ice skates
Rettungswagen	ambulance	Schloss	castle
riechen	smell	schmücken	decorate
Riese	giant	Schnee	snow
Rock	skirt	Schneeball	snowball
rosa	pink	Schneeflocke	snowflake
rot	red	Schneemann	snowman
Rücken	back		

Glossar Deutsch – Englisch

Deutsch	Englisch
schnell	fast
Schokolade	chocolate
schön	fine, lovely
Schornstein	chimney
Schrank	cupboard
schreiben	write
Schreibtisch	desk
Schuhe	shoes
Schule	school
Schüler(in)	pupil
Schulhof	playground
Schultasche	school bag
Schüssel	bowl
Schwanz	tail
schwarz	black
Schwein	pig
Schweiz	Switzerland
schwer	heavy
Schwester	sister
schwimmen	swim
sechs	six
sechzehn	sixteen
sechzig	sixty
sehen	see
sehr	very
seilspringen	skip
sein	be; his
September	September
Serbien	Serbia
sie	she
Sie	you
sieben	seven

Deutsch	Englisch
siebzehn	seventeen
siebzig	seventy
silberfarben	silver
Silvester	New Year's Eve
singen	sing
sitzen	sit
Skateboard	skateboard
Ski	ski
Ski fahren	ski
Snowboard	snowboard
Socke	sock
Sofa	sofa
Sommer	summer
Sonne	sun
Sonnenbrille	sunglasses
Sonnencreme	sun cream
Sonnenhut	sun hat
sonnig	sunny
Sonntag	Sunday
Spaghetti	spaghetti
Spanien	Spain
Spaß	fun
Spaten	spade
Spiel	game
spielen	play
Spielplatz	playground
Spielzeug	toy
Spitzer	pencil sharpener
Sport	sport
Sportunterricht	PE
springen	jump

one hundred and seventy-three

Glossary

Deutsch	Englisch
Stadt	town
Stechpalme	holly
stellen	put
Stern	star
Stiefel	boots
Stift	pen
Strand	beach
Strandball	beach ball
Straße	road
Strumpf	stocking
Stuhl	chair
Sturm	storm
stürmisch	stormy
suchen	look for
Supermarkt	supermarket
Suppe	soup
Sweatshirt	sweatshirt
Tafel	blackboard
Tag	day
Tante	aunt
tanzen	dance
Tänzer(in)	dancer
Tasse	cup
Taxi	taxi
Teddybär	teddy bear
Tee	tea
Teller	plate
Tennis	tennis
Teppich	carpet
Textiles Gestalten	sewing
Tier	animal
Tiger	tiger
Tisch	table
Tischtennis	table tennis
Toast	toast
Toilette	toilet
toll	great
Tomate	tomato
tragen	wear
traurig	sad
Treppe	stairs
trinken	drink
trocken	dry
Trompete	trumpet
Truthahn	turkey
T-Shirt	T-shirt
Tunesien	Tunisia
Tür	door
Türkei	Turkey
Turnschuhe	trainers
Uhr	clock
um … herum	around
uncool	out
und	and
unser	our
unter	under
Unterhemd	vest
Unterhose	pants
Urlaub	holiday
USA	USA
Valentinskarte	Valentine's card
Valentinstag	Valentine's Day
verärgert	angry

Glossar Deutsch – Englisch

Deutsch	Englisch
viele	lots of
vier	four
Viertel nach	quarter past
Viertel vor	quarter to
vierzehn	fourteen
vierzig	forty
Vogel	bird
voll	full
vor	in front of
vorsichtig	careful
wann	when
warten	wait
warum	why
was	what
Waschbecken	sink
Wasser	water
weh tun	hurt
wehen	blow
weich	soft
Weihnachten	Christmas
Weihnachtskarte	Christmas card
Weihnachtsbaum	Christmas tree
Weihnachtsmann	Father Christmas
weinen	cry
weiß	white
Wellensittich	budgie
wer	who
Werken	craft and design
Wetter	weather

Deutsch	Englisch
wie viele?	how many?
Wind	wind
windig	windy
Winter	winter
wirklich	really
wo	where
Woche	week
wohnen	live; stay
Wohnung	flat
Wohnzimmer	living room
Wolf	wolf
Wolke	cloud
wollen	want
Würstchen	sausage
Zahn, Zähne	tooth, teeth
Zahnarzt	dentist
Zaun	fence
Zebra	zebra
Zeh	toe
zehn	ten
zeigen	show
Zeit	time
Zelt	tent
zelten	go camping
Ziege	goat
zu	to
Zug	train
zumachen	shut
zwanzig	twenty
zwei	two
Zwerg	dwarf
Zwerge	dwarves

Glossary

Deutsch	Englisch
Zwiebel	onion
zwischen	between
zwölf	twelve

PONS Grundschulwörterbuch Englisch

Bearbeitet auf Basis des PONS Englischwörterbuchs für Grundschulkinder 2012, ISBN: 978-3-12-517895-3

Illustrationen: Uwe Vaartjes

Warenzeichen, Marken und gewerbliche Schutzrechte
Wörter, die unseres Wissens eingetragene Warenzeichen oder Marken oder sonstige gewerbliche Schutzrechte darstellen, sind als solche – soweit bekannt – gekennzeichnet. Die jeweiligen Berechtigten sind und bleiben Eigentümer dieser Rechte. Es ist jedoch zu beachten, dass weder das Vorhandensein noch das Fehlen derartiger Kennzeichnungen die Rechtslage hinsichtlich dieser gewerblichen Schutzrechte berührt.

PONS verpflichtet sich, den Zugriff auf das Download-Angebot, das zu diesem Buch gehört, mindestens bis Ende 2018 kostenlos zu gewährleisten. Einen Anspruch der Nutzung, der darüber hinausgeht, gibt es nicht. Weitere Informationen entnehmen Sie bitte unseren AGBs.

1. Auflage 2016   (1,01 – 2016)

© PONS GmbH, Stuttgart 2016
Alle Rechte vorbehalten

www.pons.de
E-Mail: info@pons.de

Projektleitung: Helen Schmidt
Einbandgestaltung: Anne Helbich, Stuttgart
Logoentwurf: Erwin Poell, Heidelberg
Logoüberarbeitung: Sabine Redlin, Ludwigsburg
Satz: Satzkasten, Stuttgart
Umschlagfoto: Thinkstock/NADOFOTOS
Druck und Bindung: Print Consult GmbH, München
Printed in: Slovak Republic

ISBN 978-3-12-517978-3